古代氏族の研究⑤

中臣氏

卜占を担った古代占部の後裔

宝賀寿男

青垣出版

目次

装幀／松田　晴夫（株）クリエイティブ・コンセプト）
見返し写真／大坂山口神社（香芝市穴虫）の奉納絵馬より

一　序説

中臣氏とはなにか―本書の目的

上古から卜占・祭祀を担った主な氏族（部）として、卜部（占部）や忌部（斎部）が知られ、ともに大化前代における朝廷の神祇・祭祀関係の伴造であった。前者のなかで氏としての本宗的な存在が中臣連氏であり、後者のそれが忌部首氏である。「ナカトミ」とは、宣長など多くの研究者から、神と人とのなかを取り持つ巫という義と解されており、それが卜占のもつ意味ともされるから、神からの予兆をよく解する者についていわれる。これは、一種の預言者という役割であろう。

中臣氏の系譜は、遠く神代から続くと伝えるから、藤原氏・卜部氏を含めて中臣氏は、天皇家や出雲国造家、紀伊国造家などとならんで、わが国でも最古の系譜を持ち、現代までつながる。上古代では、職掌の卜占・祭祀等は、政治・軍事や社会生活で重要な役割を果たしたことでその地位も高く、それに応じて、歴史の動向における中臣氏（及び中臣氏族）の役割は背景的なものを含めて重要であった。このため、中臣氏やその行動・動向について、焦点的・限定的にテーマとした単発的な論考はかなり多数ある。

ところが、学究たちが総合的に多くの論点から中臣氏とその一族の動向を研究・検討したものは、これまで殆どなかった。中臣氏についての各種の神代・上古の伝承を後世の造作として簡単に切り捨てる論考や見解は、戦後の古代学のなかで多く見える風潮であるが、観念思考が多い津田史観から出てくる検討では、氏族研究にとってあまり意義がない。だから、具体的に丁寧な検討を加えた総合的な論考が管見に入っていないという意味ではあるが。しかも、系譜的な検討が総じて乏しいうえに、祭祀・卜占の面からの氏族検討も、ましてや習俗面での検討も十分とはいえないから、中臣氏族全体としての実態的な解明にも至らなかった。藤原氏を含む中臣氏こそ、天皇家を除けば、日本の政治・神祇の根幹を牛耳ってきた氏族であるのに、何故中臣氏に関する専門研究書がないのか疑問だという見方も目にする。

本書では、多面的に上古からの中臣氏族の動向とその原像・原型を探ろうとするものである。ナカトミ氏について、氏祖とされる天児屋根命あるいはその更なる遠祖神からの長い歴史の流れと動向を、その同族や異系統の祭祀関係氏族まで含めて、近世初め頃まで具体的に追いかけて、その実態を総合的に把握するようつとめていきたい（近世以降は祭祀関係は動きが乏しいので、基本的には割愛する）。中臣氏の遠祖にあっては、大伴・久米氏などと同様にその源流が縄文時代頃まで遡るのであれば、これに応じて、同様に日本列島に縄文人が住み始めた頃まで、検討範囲が遥か遡る可能性がある。

「ナカトミ」を名乗る氏のすべてが中臣連の同族というわけではない。そのうえ、中臣氏族と称されるものにあっても、系譜的に異系氏族との混淆や仮冒・附合も見られるので、先入観のない目による比較検討をしたうえでの整理が必要でもある。その検討に当たっては様々な制約があり、複雑な事情も多い。なかでも古代の中臣氏が政治的な動きの表面に立つことは殆どなかった事情から、史料としても中臣氏の一族関係者の具体的な動向は殆ど見えず、このために難解な要素が多々ある。

中臣氏の後裔のなかでは、大化改新時にその立て役者として中臣連（藤原）鎌足が出て大織冠内臣になった。この鎌足の系統が実際に中臣本宗か、あるいは上古から一系で繋がっているのかという基本的な問題すらある。鎌足の子の淡海公不比等以降は、中臣氏族の主流家は藤原朝臣氏となり、平安期以降は摂関家などの有力公家として朝廷のなかで重要な役割を果たし続けた。その結果、公家のみならず地方の武家でも全国的に藤原姓の苗字がきわめて多いが、武家藤原氏の殆どが実は系譜仮冒ではないかとみられる。本書では、不比等の諸子による藤原四家分立頃までを取り上げるが、それ以降の平安前期より後の時期では、中臣氏に関連する範囲で適宜、藤原氏も併せて考える。奈良時代以降では、大中臣朝臣を含め中臣氏三門の流れの動向を主に見ていくということである。

なお、ナカトミに当てられる漢字は殆ど中臣（僅かだが「仲臣」）であり、ウラベについては「卜部、占部」がともに見られており、古くは占部の表記が多いが、適宜、史料・出典に応じて漢字を書き分ける（どちらともつかない場合は主に卜部の表記を用いる）。

中臣氏の概観

ナカトミ氏について、問題検討に入る前に、その全体像を俯瞰することとし、歴史事典等に記載の概要を整理しておく。

中臣氏は、「神別」（『新撰姓氏録』の分類の一つ。ほかに皇別、諸蕃、未定雑姓がある）の氏族であり、祭祀氏族たる中臣・忌部両氏の各々の遠祖神、天児屋根命（あめのこやね）と天太玉命（あめのふとだま）は、高天原の時代に相並んで祭事に奉仕したと伝える。忌部首の後の斎部宿祢が祭祀専門のままで、この流れは歴史の表舞台から次第に姿を消していくが、それでも室町末期まで「斎部・忌部」の姓が『歴名土代』に見える（同書のなかでは、天文十七年に従四位下、神祇権少副に任じた「忌親行」が最高位であった。近世までの神社祠官家は、阿波・安房を除くと、殆ど知られない）。これに対し、中臣氏一族の後裔は後世までおおいに栄えた。

天岩戸神話や天孫降臨伝承に見える天児屋根命の神話時代を除くと、『書紀』に神武東征の際に随行したと伝える天種子命を人代の初祖とする。降臨時の五伴緒の一つの伴造として卜占・祭祀を主とする職掌をもち、卜部（占部）、中臣部を部民とした。垂仁・仲哀朝には朝廷の四、五人の大夫（大臣級の高官）のなかに数えられたという（『書紀』）。

六世紀後半の欽明・敏達・用明朝では、仏教受容問題で中臣氏本宗（鎌子連、勝海連）は物部氏本宗（尾輿大連、守屋大連）とともに排仏派となり、蘇我氏ら崇仏派と強く対立した。これに因る中臣勝海連の被殺や物部守屋大連等の敗死で、中臣氏本宗は大きく衰退した。その後に出てきた鎌足の父祖たちが七世紀代の推古朝頃から『書紀』に見えるが、これらが勝海連ら従来の中臣氏本宗とどのような系譜関係にあったかについては諸説ある。鎌足の家が常陸の多氏族の那珂臣（仲臣）の後とか、常陸鹿島の中臣氏が後の中臣本宗となったという説まであり、これらには十分な検討を要する。『書紀』では、鎌足の系統は父の弥気（御食子）とその弟の国（国子）の世代からしか動きが見えないものの、後世の中臣氏では系図上、弥気兄弟の祖父（鎌足からは曾祖父）にあたる常磐を初祖と伝えており、このときに初めて中臣連姓を賜ったとされる。この賜姓時期についての所伝が正しければ、鎌足の祖系は本来は中臣氏本宗家ではなかったことになる（この辺は後で検討）。

カバネは、当初は連姓であり、このカバネを負った頃（五世紀代前半か）から卜部本宗は、氏の名を卜部から変えて中臣と号したものらしい。天武朝（天武十三年、西暦六八四年）の「八色の姓」の制定では中臣氏本宗は朝臣姓となった。これより先、天智八年には鎌足家は「藤原」という氏の名を賜っており、このときに中臣氏と同様、朝臣姓となったようであるが、その辺は『書紀』には明確に記されない。

七世紀後半の鎌足以降、一族から多くの朝廷高官を輩出する。鎌足の子・不比等の子孫は、勅により藤原朝臣を名乗って政治の表舞台で活動し、奈良時代以降、相次ぐ政治・疑獄事件を勝ち抜いて繁栄したが、残りの一族は依然として神祇祭祀を任として中臣氏を号し、神祇官・伊勢神官など神事・祭祀の主要職を長く世襲した。欽明朝頃の常磐の子孫が「三門」に分かれて続いたが、それら系統のなかでも、中臣嫡流とされたのが中納言神祇伯の意美麻呂の流れ（国子系統の第二門）で、その子の右大臣清麻呂の系統に限定されて、神護景雲三年（七六九）六月に先ず「大中臣朝臣」を賜姓された。意美麻呂は鎌足の女婿で、一時期、藤原姓を名乗っている。

この大中臣朝臣姓の範囲が次第に他門まで拡大されていく。平安時代になると延暦・貞観・元慶などに他門の家々に対しても賜姓が及び、平安中期頃までに上記三門の流れの殆どが大中臣氏となって、各々祭祀に関与した。中臣氏（大中臣氏）出の「神祇伯」（神祇官の長。官に相当する位階は太政官に比し低く、従四位下相当）は、平安時代中期の中臣逸志を最後に姿を消し、代わって花山源氏の白川家が神祇伯を世襲する。これに応じて、中臣一族は伊勢祭主及び神祇大副などの神祇官を世襲するようになる。また、天皇即位の式や大嘗祭に際しては、中臣として天神寿詞（中臣寿詞）を読む慣例が樹立され、神祇奉斎氏族として筆頭の地位を固めた。

中臣氏の本拠については、時期的には多少の変動があっても、一族が多く分布する河内や大和を中心に考えたほうがよい。常陸や山城の山階（現・京都市山科区中臣町付近）という説もあるが、これらは疑問が大きい。中臣氏族と称する諸氏は、倭建命の陸奥遠征、神功皇后の韓地遠征に随行という伝承に応じて、各々の地に関係者が残った。このため、日本列島の東西、南北に広く及ぶ。中臣部・卜部まで含めれば、北は陸奥から南は九州中部までの範囲であるが、越前を除く北陸道や四国、山陰道には総じて分布が乏しい。

古代中臣氏の主要な後裔では、大中臣朝臣・藤原朝臣及び卜部朝臣は、内政及び祭祀において広く有勢で、朝廷の公家・神祇官や各地の社家（祠官家）として近世まで長く勢力を保持した。朝廷の公家をとってみれば、明治維新当時、合計で一三七家あった堂上（とうしょう）公家のうち、九三家が藤原北家であり、卜部氏が四家、藤原南家が三家、大中臣氏が一家を数える。このように広く中臣氏の流れを見ると合計で一〇一家にもなり、全体のほぼ四分の三という多数を占め、朝廷のなかで大きなウエイトを占めた。このほかに、有力堂上家の諸大夫家など地下官人にも藤原氏の家がかなりあった。

神祇官や奉仕した神社の関係では、関与の官職や神社について、中臣氏族は古来最大数の勢力を有し、具体的には伊勢神宮の祭主・宮司、鹿島神宮大宮司、香取神宮大宮司、枚岡神社社家、春日大社社家、恩智神社社家、気比神社宮司、松尾大社や平野・吉田・梅宮の各神社の宮司（卜部氏）、香椎宮などの社家等々で数多くあり、全国にわたって中臣氏一族の裔孫たちが営々脈々と神祇祭祀につとめてきた。

文化面では、平安時代の大中臣能宣（梨壺の五人、「後撰和歌集」の撰者）と子の大中臣輔親、その孫の伊勢大輔（たいふ）（高階成順妻）などは歌人としても事績を残したが、総じて神道関係の著述者が多い。なかでも、史料に見える卜部氏は殆どが伊豆卜部系の卜部平麻呂の流れであったが、文化活動にも留意される。鎌倉時代に、吉田神社の関係者で『徒然草』の作者・兼好法師がおり、平野社（京都市北区平野宮本町）の預の系統には、鎌倉時代中期の神道家・国学者に卜部兼文・兼方（懐賢）の親子（公家藤井家の祖）がいた。兼文は『古事記』の最古の注釈書とされる『古事記裏書』を著し、兼方は『釈日本紀』を著したが、これが後の吉田神道への嚆矢となった。

　これらを承けて吉田神道（反本地垂迹説を唱える唯一神道）を創始したのが室町中期の吉田兼倶（吉田社預）であった。国学・儒学で屈指の碩学とされた清原宣賢は、吉田兼倶の三男として生まれ、明経博士清原宗賢の養子に入っている。その嫡男業賢は堂上公家舟橋家等の祖となり、次男で実家の吉田家を継いだ吉田兼右も有職故実・神道の書を残した。宣賢の娘は、足利第十二代将軍義晴の側室、続いて家臣三淵晴員の妻となって、後者との間に「幽斎」細川藤孝（熊本藩主細川氏の祖）が生まれ、歌の古今伝授で名高い。

これまでの主な中臣氏研究

　戦後の考古遺跡発掘が続くなかでは、大阪府高槻市の阿武山古墳が鎌足の墓かと話題になったことがあったくらいである。武家の登場以降の時代においても、藤原氏の流れと称するものを除くと、中臣氏族では武家の活躍が中世には僅かしか見られず、総じて地味な祭祀活動を中心に近世まで続いた。卜占関係では、陰陽道を管掌した阿倍氏・賀茂氏が予兆的なものの判断にも関与したが、この分野でも中臣氏は中世の活動が殆ど見られない。

　ナカトミと言っても必ずしも同族とは限らない。姓氏・苗字の大家、太田亮博士は、『姓氏家系大辞典』ナカトミ条で、「天孫族中、屈指の大族」との認識のもとで、中臣氏には「児屋根命裔なる外、多氏の族なるあり、その他、復姓としては、物部、伊勢等の族にも存す、其の起源異なれど、後世混淆を免れず」として、ナカトミ諸氏を個別に考えるよう注意を発している。ただ、中臣氏についての的確な系図の収集が太田博士に十分ではなかったこともあって、中臣氏についての記事・見解は必ずしも妥当とはいい難いものもある。この文章でも、伊勢国造は中臣氏とは別族とみるが、これは誤りで、天孫族でもない（一般に「天神族」とされる）。

これら諸事情が、中臣氏を平安時代以降では、比較的地味な存在にしている。中臣氏は、これまで少し見てきただけでも上古ないし古代の歴史では重要な氏族であったから、歴史学者による研究・調査はかなり多くあるが、総じて言えば妥当とはいい難い面がある。同じ祭祀関係伴造の忌部氏もそうであり（平安前期の『古語拾遺』を除くと、文献史料も考古学資料も総じて乏しい）、しかも、戦後の記紀神話否定の傾向のなかにあっては、上古からの全容・活動を把握することは難しい。古代氏族の研究という場合、本来は後世の子孫たちも含めて長い期間を総合的に考慮しなければ、全体的な把握が不可能と思われるが、これまでの中臣氏研究にあっては、期間限定で短期的視野で行われてきたきらいもある。

中臣氏に関連する研究・論考では、概略的に整理された記事としては、太田博士の『姓氏家系大辞典』のナカトミ・ウラベの関連記事や、佐伯有清博士の『新撰姓氏録の研究』の関係各項がある。個別の著作・論考としては、管見に入ったうちの主なものを次ぎにあげるが（順不同であり、数が多いから網羅はできない）、それでもかなり多数ある。

志田諄一氏の「中臣連」（『古代氏族の性格と伝承』所収、一九七一年）、横田健一氏の「中臣氏と卜部」（『日本書紀研究』第五冊、一九七一年。のち、『日本古代神話と氏族伝承』にも所収、一九八二年）が中臣氏にかかる問題点を割合網羅的に検討されている。

これらのほか、上田正昭氏の「祭官の成立」（『日本古代国家論究』所収）及び『春日明神』（一九八七年）、高島正人氏の「奈良時代の中臣朝臣氏」「奈良時代の藤原朝臣氏」（ともに『奈良時代諸氏族の研究』所収、一九八三年）、中村英重（ひでお）氏の「中臣氏の出自と形成」（『日本古代中世史論考』所収、一九八七年）、「中臣氏と家門」（『律令制国家と古代社会の詳細』所収、二〇〇五年）及び『古代氏族と宗教祭祀』（二〇〇四年刊）など、田中卓氏の「大化前代の枚岡」（『田中卓著作集第二巻』）、加藤謙吉氏の「中臣氏と物部氏」（『蘇我氏と大和王権』、一九八三年）及び「鎌足とその周辺（中臣氏の氏族組織と常磐流中臣氏―中臣と卜部―）」（『藤氏家伝を読む』所収、二〇一〇年）、井上辰雄氏の「大化前代の中臣氏」「卜部の研究」（ともに『古代王権と宗教的部民』、一九八〇年）、荊木美行氏の「大化前代における中臣氏の動向」（『大中臣祭主藤波家の研究』、二〇〇〇年）、志賀剛氏の「香取・鹿島・春日神社の関係」（『式内社の研究』第六巻、一九八四年）、星野良作氏の「日本神話と藤原氏」及び緒方惟精氏の「日本神話と斎部氏・中臣氏」（ともに『日本神話と氏族』所収、一九七七年）、早川万年氏の「神郡・神郡司に関する基礎的考察」（『古代東国と常陸国風土記』所収、一九九九年）、前川明久氏の「中臣氏の歴史地理的考察」及び「日並皇子挽歌と天孫降臨神話」（『日本古代の氏族と王権の研究』、一九八六年）、前之園亮一氏の「中臣氏について」（『東アジアの古代文化』三六号、一九八三年夏）及び「中臣氏」（『歴史読本』昭和六十一年十月号）など、中村友一氏の「中臣氏族の形成と展開」（『東アジアの古代文化』一三二号、二〇〇七年夏）、仁木大次氏の「摂河泉三州に於ける中臣氏の諸氏族の分布と祖神奉祀の神社について」（『国史と系譜』第四巻第一～六号）、阿部眞司氏の「中臣氏の職掌」（『高知医科大学紀要』第十二号、一九九六年）、亀井輝一郎氏の「中臣烏賊津使主と弟姫」（『日本書紀研究』第十八冊、一九九一年）、上山春平氏の『神々の体系』『続・神々の体系』（各一九七二年、一九七五年刊）などがある。

卜部氏については、上で関連してあげたもののほか、平野博之氏の「対馬・壱岐の卜部について」（『古代文化』十七―三）、井上辰雄氏の「卜部の研究」（『古代王権と宗教的部民』、上掲）、永留久恵氏「卜部の成立について―対馬からの視点―」（『古代日本と対馬』）や『対馬国志』（第一巻、二〇〇九年刊）、羽床正明氏の「卜部と中臣氏についての一試論」「卜部の成立と活動について」（各々『東アジアの古代文化』四一号一九八四年秋、七二号一九九二年夏）、岡田荘司氏「吉田卜部氏の成立」（『国学院雑誌』第八四巻第九号、後に『平安時代の国家と祭祀』一九九四年に所収）、などがあり、荒木田氏については、田中卓氏の「荒木田氏古系図の出現」（『皇学院大学紀要』第二一輯、一九八三年）及び「イセ神宮の祭祀」（『伊勢神宮の祭祀と発展』、一九八五年）などがある。

中臣・藤原氏に関連する単行本は多くなく、篠川賢氏等編の『藤氏家伝を読む』（二〇一一年刊）や国学院大学日本文化研究所編『大中臣祭主藤波家の研究』（二〇〇〇年刊）があって、ともにほぼ全編が中臣氏・藤原氏の研究であるが、七世紀以降の時期が主な対象となっている。また、神祇祭祀に関する検討内容が多いので、『式内社調査報告』とか志賀剛著『式内社の研究』、東アジア怪異学会編集の『亀卜』（二〇〇六年刊）や伊勢神宮など神社関係史料、藤森馨氏の著『平安時代の宮廷祭祀と神祇官人』（改訂版は二〇〇八年刊）なども参考になる場合が多い。

（これら論考の出版元・所収の書などの詳細情報は、最近ではネット検索が可能であり、ここでは紙数の関係もあって省略する。上記の年は、論考初出の年というよりは、主に所収本の刊行年を記した）

これら先学の諸研究については、個別の論点では、評価できるもの・示唆深いものを各々もっているが、疑問な個所・見解も実のところ種々ある。つまり、『古事記』『日本書紀』（本書では、両書を併せて「記紀」「記・紀」、個別には『記』『書紀』とも表記。『続日本紀』も『続紀』と略記する）の記事をかなり丸呑みして素朴に受けとったり、あるいはその逆で、記紀をハナから否定する姿勢・傾向があって、簡単に記事の造作説をとったりする。こうした的確な検証・裏付けをあまりしないままに、結論的（そして、多分に主観的）な見解が示されることにはおおいに疑問がある。上記の横田健一氏や志田諄一氏の論考は参考になる点も多いが、造作説・反映説の傾向を免れず、残念な結論になっている点もある。

こうした事情だから、研究大家の論著であっても、私にはいくつかの疑問が強くある。合理的な史料批判のうえで総合的全般的に大きな歴史の流れのなかでナカトミ氏及びウラベ氏を考察しているのだろうか、そのうえで、ナカトミ氏等の全体像・実態を史料に基づき的確に実証的な把握をしているかという疑問である。

氏族研究のためには、基礎として具体的な系図研究が欠かせないが、総じてどの学究でもその辺が疎かだったりもする。というより、上古から古代にかけての中臣氏について、『新撰姓氏録』の検討過怠はもちろんのこと、個別の具体的な系図の存在や内容を調べようとしない、造作説に傾きすぎた立場にあって系図をきちんと検討しない、という姿勢が多く見られる。戦後の古代史学では、津田博士の流れを汲む学究を中心に、記紀などの史料造作とか同族系譜の「擬制」という表現も頻りに見られるが（六世紀以降の史実を元にしたとみる反映説・擬制記事説・政治思想説、あるいは氏族連合説など）、これらはさほどの根拠がある見方ではない。上古の系図や神話等の伝承について、後世の造作だとする論拠のない決めつけ、ないし予断が、総じて学究には多いということである。

上記の事情を踏まえて、本書においては、できうるかぎり冷静・合理的に予断を持たずにナカトミ氏について、史料に基づいて具体的総合的に究明しようと試みた。この検討過程では、祭祀や伝承などの諸事情から、これまでの研究からは思いもつかなかった事情も浮上してきている。

〈備考〉戦後の歴史学界で否定的に取り扱われてきた神武天皇や神功皇后あるい倭建命、武内宿祢などについて、古代史検討ではハナから否定されがちであるが、中臣一族は、これらの動向にも深く関係する。津田学説とその亜流研究者については、合理的史観を目指すという研究姿勢は是としても、その具体的なアプローチ方法では総じて学問的に疑問が大きい。ここでは紙数の関係で議論・論及をあまりしない面もあるので、この辺に関心がある方は、拙著の『「神武東征」の原像』『神功皇后と天日矛の伝承』や当シリーズ「古代氏族の研究」の『葛城氏』などをご参照願いたい。

中臣氏関係の系図史料と延喜の『中臣氏本系帳』

中臣氏族についての基本的な系図史料では、延喜六年（九〇六）に編纂されたと序文に見える「中臣氏本系帳」が著名である（以下では、その追記分も含めて「延喜本系」とも略記する）。もともと天平宝字五年（七六一）に勘造された本系帳が延喜本系の基礎にあり、更にそれを基にして、南北朝期頃まで一族により書き継がれた系図が水戸彰考館（しょうこうかん）本や『諸家系図纂』巻二八上、『群書類従』巻六二の所収本などで知られる。この系図では、編纂経緯などから見て、継体朝頃の黒田連以降の記事は総じて信頼性が高いが、この鎌足につながる系統と六世紀後半の敏達・用明朝頃までの勝海連など従来の中臣本宗家との関係が不明であり、かつ、黒田連より前の祖系が不明であって、始祖神とされる天児屋根命に遡るものとはなっていない。

一方、『尊卑分脈』所載の中臣氏の系譜は、ごく簡単な直系の記事であって、兄弟や傍系を記さない形の系譜にすぎず、天児屋根命から大織冠鎌足まで二十二世代（初祖を入れた数え方で、正説たるべしとされる「阿毘古連」を入れる形の世代数）が一系として記載される。この系譜や記事も、信頼しすぎることは問題が大きい。ともあれ、こうした簡単な上古部分しか系図が知られないために、中臣氏族の系譜研究は、丁寧な形では従来、殆どなされなかった。中臣氏の上古部分には、一般に知られる良質な系図がきわめて乏しいが、このことは、大著『姓氏家系大辞典』のナカトミ（中臣）の項目の記事からも知られる。

あとは、記紀、六国史や『新撰姓氏録』（以下では、たんに『姓氏録』ともいう）、『公卿補任』などの中臣氏関係の系図部分くらいであった。上記高島正人氏の論考でも、奈良期より前の中臣氏の具体的な系図を明確にされない。ましてや、古代氏族の系図について打ち込んだ研究をしない論者（この傾向が学究でも多く見られる）においては、中臣の系図の全体像についてますます不明なことが多くなる。

こうした諸事情があるから、本来は異系ではないかとみられる伊勢の荒木田神主や壱岐出身の松尾社家に伝わる系図（しかも、前者には系譜仮冒があり、後者には諸蕃・伊吉連氏の系譜混入がある）など信頼性に疑問がある系図類に簡単に依拠したりして、おかしな結論に導かれる傾向もある。延喜本系も上古部分がない等の問題があるのだから、これに囚われすぎて、これに対する過剰な措信も問題が大きい。こうした系図関係の認識が、多くの学究には欠如している。

ところが、明治前期において既に鈴木真年・中田憲信の収集する中臣氏とその一族の系図がかなり多数あり、彼らの大部な系図集のなかには割合詳細な形で中臣氏本宗を中心とした系譜の記載がある。それらは、残念なことに出典不明の場合も多いが、この辺はよく留意して精査・検討することも必要である。それらに加え、中臣支族の祠官家諸氏についても、主なところについて真年・憲信による精力的な多数の系図収集があるのだから、丁寧に見ていく必要がある。

このほか、こまめにいろいろ史料を探していくと、断片的にせよ、中臣氏関係の系図がかなり多い。上記の鈴木真年・中田憲信関係のほか、中世武家・近世官人の諸家まで広く含めると、中臣氏研究に当たって考慮すべき系図が必ずしも少ないわけではない。具体的にいうと、上記のほか、管見に入った主なところは次のとおり（なお、敷田年治の考証のある『中臣宮処氏本系帳』という書もあるが、歴代の命名法や記事からみて、明らかに偽書であることに注意〔太田亮博士も「信じ難き点多し」としながら、一部、眩惑される。黛弘道氏は、「静」の通字など具体的な問題点をあげて、偽撰は明らかだとする〕。一般に、系図には偽書や偽作個所はつきものである）。

①真年・憲信関係の系図では、真年編の「中臣氏総系」（『諸系譜』第三冊所収）、中田憲信編の『各家系譜』四の「上田氏系譜」、七の「四条家譜」が比較的詳細な内容をもち、中臣氏関係では代表的である。このほか、憲信編の『諸系譜』『各家系譜』や真年編の『百家系図』『百家系図稿』『諸氏家牒』『諸国百家系図』などに中臣一族諸氏の系図が多く所収され、真年編の『華族諸家伝』にも参考となる記事が多い。

②「歌荒洲田卜部伊伎氏本系帳」 壱岐卜部の系統であり、『諸国百家系図』（岩瀬文庫蔵。鈴木真年編）や『続群書類従』巻百八十一に「松尾社家系図」に記載される。『諸国百家系図』には、「倉垣系図」「伊香系図」という中臣一族の系譜も所収がある。

③『春日社家系図』（静嘉堂文庫蔵）

④『藤波卜部萩原錦織藤井家譜』（静嘉堂文庫蔵）
⑤東大史料編纂所蔵の藤原姓公家が呈譜した諸家譜や『吉田家譜』『藤波家譜』など
⑥『諸氏系図』（東大史料編纂所蔵）　中臣・伊香・荒木田などの諸氏の系図を所収
⑦『荒木田氏系図』（東大史料編纂所、神宮文庫などに所蔵）
⑧『諸家系図纂』『群書類従』などには、鹿島・香取・卜部など関係諸氏の系図も記載。

といったところが中臣・卜部関係についての古代部分に関する主要な系図である（中世・近世部分が多いものは記載を省略）。これら系譜や所伝の記事がかなりマチマチでもあって、誤記や転訛・系譜仮冒もかなりあるとみられるので、記紀や『新撰姓氏録』、各種文献資料などと丁寧に比較検討しつつ、整合性のある系譜の理解に努めなければならない。

本書の流れや記事を理解していただくために、上記の中臣氏部分等を踏まえて、初期中臣氏について比較的通行する系図の概略を先ずあげておく（この第1図が中臣氏の正しい系図ということではなく、従来の見方についての一応の目安、本書で検討の叩き台という意味であり、巻末では中臣氏族を検討後の比較的詳細な系譜〔推定を含む試案。第2図〕もあげることにしたい）。

第1図　中臣氏の概略系図　※一般に想定されている形

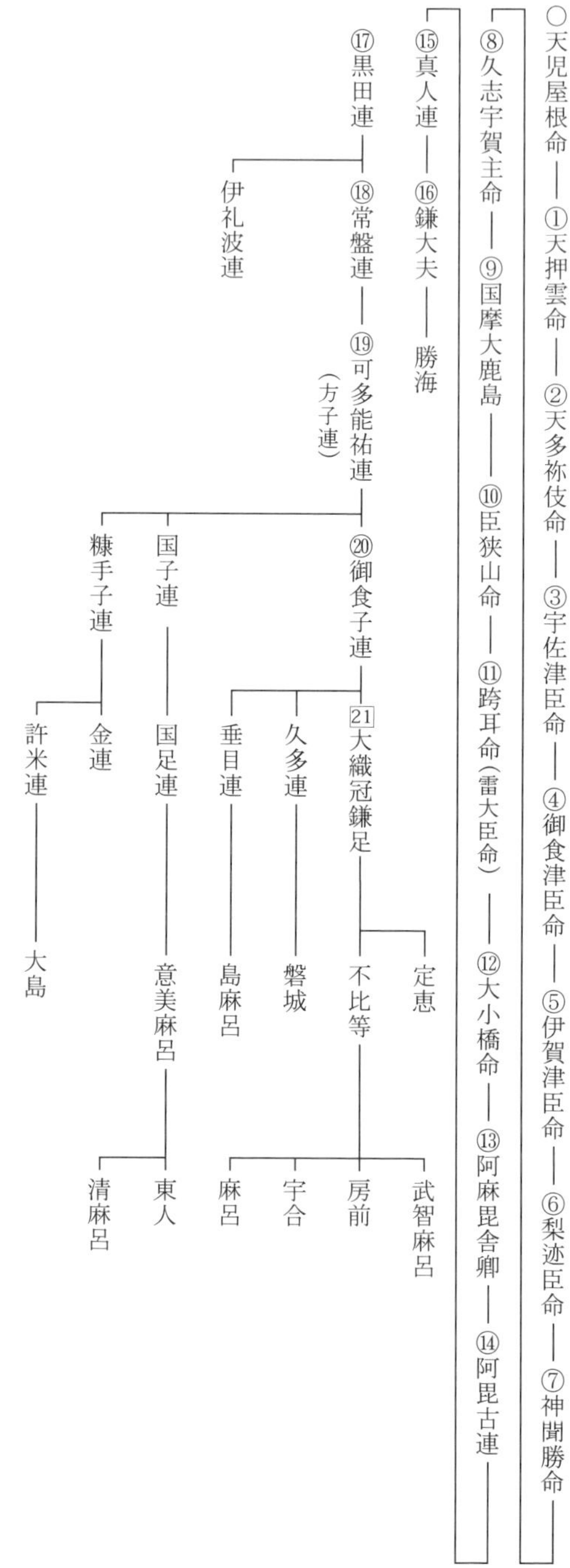

中臣氏族諸氏に関する問題点

中臣氏については、祖神祭祀としては火神・月神・雷神を奉斎し、大伴・久米氏族と同様、日本列島の古くからの原住民の流れとみられる要素が多くある。仔細に具体的な検討を加えると、関連する諸氏族が多いことや、逆に中臣氏の系譜に附合・架上されている氏族もかなりありそうである。中臣氏の活動が神代・上古からきわめて長い期間にわたっており、地域的にも活動範囲も広いため、この氏族に関する問題点は大きく、かつ数多い。

これら問題点の解明が本書の課題であり、読者の皆様にとっても、本書を読んでいただくうえでの主な問題意識にもなると思われる。なかでも、①鎌足の直接の祖系が神代から一連で続くト部・中臣氏本宗の系統であったのか、②中臣氏が神代から朝廷内で大族であったのか、③先祖の系譜に見えない武甕槌神（建御雷神）が氏神の春日大社で、なぜ第一座を占めたのか、などは最大級の問題点といってもよい。とくに、記紀において藤原不比等などによる大きな影響とか造作とかがあったのかという問題とも絡んでおり、これら諸点の解明なしには中臣氏の検討は十分なものとはいえないと考えられる。これらも含め、主な問題について、以下に具体的に順不同で列挙してみる。

春日大社（奈良市）

○中臣氏の先祖とされる天児屋根命の神代での活動は、どう評価するのか。史実として考えられるのか。同神について天岩戸神話や天孫降臨の随行伝承などが記紀に見えるが、これら神話伝承について史実性があるかどうかという問題にもつながる。

○中臣氏がどのような種族の出だったか。遠祖が遥か昔から日本列島にあった「神別」の氏なら、ほかに古代氏族諸氏のなかに、同族ないし同種族がなかったのか。
○中臣氏が神別の出だとして、遠祖の系譜はどこまで辿れるのか。天児屋根命の父をコゴトムスビ（興台産霊）と言い、その遠祖をツハヤムスビ（津速産霊）とか、さらに天御中主神（国常立神）まで遡るが、この「神統譜」（神々の系譜）は史実原型の探索のなかで考慮できるのか。
○神武創業に随行したと伝える天種子命は実在したのか。大和に入ってから崇神朝までの時期は、中臣氏の歴代としてはどこで、どう過ごしたのか。
○崇神朝以降に活動が見える中臣氏の著名人の実態はどうか。彼らには異名での伝承はないのか（上古人には同人が複数の異名を伝えることが多い。大伴氏でも見るように、同人異名あるいは異人同名を的確に識別しなければ、活動の実態把握が難しいという上古史独特の問題がある）。
○垂仁・景行朝～仲哀朝頃の中臣氏先祖の活動や系譜は、後世の造作だったのか。とくに『姓氏録』に祖先としての掲名が多い雷大臣命の位置づけはどれが妥当なのか。
○陸奥における鹿島神の濃密な分布は何を物語るのか。その要因のなかに、倭建命遠征への随行があったのか。鹿島神と香取神との関係はどうか。
○氏神の春日大社等の祭神と奉斎を担当した氏はなにか。その祭祀の経緯はどうか。
これら神社になぜ武甕槌神が祀られ、しかも祖神とされる天児屋根命よりも上位に位置づけられるのか。武甕槌神と藤原氏との系譜については、史料に明確な言及はない。
○中臣氏の古代の本拠地はどこだったか。河内や大和などでいくつか候補地が考えられるが、その検討を十分に要する。畿内の本拠地はこの氏の源流の地と異なるのか。
○中臣氏の氏の名は卜占・神祇の職掌に因るとしても、忌部のほかでは、同じ職掌を他の氏族がなぜ持たなかったのか。中臣氏と三国卜部、卜部氏との関係はどうか。

○伊勢神宮で祭祀に関与した諸氏（内宮祢宜職の荒木田神主氏、外宮祢宜職の度会神主氏など）との関係はどうだったか。中臣氏との系譜関係の実際はどうだったのか。

○中臣氏の主要な一族諸氏とその分布はどうだったのか。氏姓国造家は出たか。

○中臣氏族にあっては、戦後の学究が比較的好んで使う「擬制的同族結合」という形の系譜はあるのか（個別の氏の系譜仮冒にすぎないのではないか）。

○中臣氏と藤原氏との関係はどうか。「藤原」の起源は何か。それぞれに同名か類似名の別族がいなかったのか。そもそも、「中臣」の語義はなにか。

○鎌足は武内宿祢のモデルだったか。

○中臣氏関係の神社や古墳・墳墓、寺院にはどのようなものがあるか。

○欽明朝の崇仏排仏論争より前の期間では、中臣氏の活動が中央の政治動向のなかになぜ現

春日山。手前のこんもりした峰が御蓋山（奈良公園・飛火野より）

れないのか。この氏の実際の発生は遅かったのか。中臣連の賜姓は欽明朝か。この辺は、中央の中臣氏で本宗の交替があったのかという問題に関連する。

○中臣氏が物部氏との配下とか強い結び付きがあったという見方があるが、どうか。

○出自不明で「中臣」を冠した他氏族諸氏との関係はどうか。

○中臣一族では韓地や日本列島の辺境で活動した者がいたのか。

○中臣氏族という地方の有力社家について、中央の中臣氏との関係やその動向はどうか。

○藤原氏や中臣氏三門の共通先祖、すなわち鎌足の直接の祖系の常磐は、従来の中臣氏本宗とどのような関係であったのか。排仏派の勝海連の系統は、その後はどうなったのか。

○平安中期以降の中臣氏（大中臣氏）や卜部氏の活動はどうだったのか。清麻呂以降の大中臣一族の主な動向はどうか。

○中臣氏の後裔で中世の武家につながる流れはあるのか。地方の中臣氏、例えば和泉や美濃に見える大中臣氏を称する武家の系譜はどうだったのか。

二　中臣氏の初期段階―占部と中臣氏の祖先たち

四神を祭る春日大社の本殿。第一座の祭神は武甕槌神（建御雷神）

春日大社の奉斎

中臣氏・藤原氏の氏神というと、奈良市の春日大社（式内名神大社、官幣大社）はあまりにも有名だが、本書でもまず検討の基礎として、ここで祀られる春日四神（春日祭神四座、春日四所明神）を考えていく。

春日四神とは、第一座の武甕槌命（たけみかづち）、第二座の経津主（ふつぬし）命、第三座の天児屋根命、第四座の比売神とされる。第一・二座は藤原氏の守護神、第三・四座は藤原氏祖神の夫妻として、第三座までの祭神は正一位の神階最高位を授かっているが、神階授与の経緯が異なる。

その奉斎の経緯もそれぞれ異なる。社伝では、神護景雲二年（七六八）に藤原永手（北家房前の子で、当時左大臣正二位）が鹿島神宮の武甕槌命、香取神宮の経津主命と、枚岡神社に祀られる天児屋根命・比売神二座を迎えて御蓋山（三笠山。標高二九七メートル）の西麓に四殿の社殿を造営し奉斎したのが創祀とされる。しかし、これに先立つ天平勝宝八年（七五六）の段階で、現社地に築垣で囲まれた「神地」の記載が見えるなどの事情から、藤原氏の氏社として春日社が社殿の規模を徐々に整えていき、神護景雲二年は官社となった年とみるのが一般的とされる。境内の発掘調査も、神護景雲以前よりこの地で祭祀がなされたことを示唆する。平城京遷都のころに、藤原不比等が氏神の鹿島神（武甕槌命）を春日の御蓋山に遷して祀り、春日神と称したという伝承もある。これが和銅二年（七〇九）創立説（栗田寛『神祇志料』など）であり、本書でもこの頃に創祀としておく。

若宮神社㊤と榎本神社（いずれも春日大社境内）

　広大な境内に

は、祖神の御子神たる天忍雲根命を祀る若宮神社（保延元年〔一一三五〕創建。中臣系の千鳥家が神主世襲）や、当地の地主神とされる猿田彦神を祀る榎本神社など多数の摂社・末社があるが、紀伊神社・天手力雄神社など紀伊国造等の祖神も祀られる。

なかでも留意したいのが御蓋山頂に鎮座する摂社、本宮神社（浮雲宮）で、これを式内社の大和日向神社に比定する見方がある。最も神秘的な場所で一般参拝は許されず、春日明神降臨の地、すなわち武甕槌命が白鹿に乗り浮雲峯に天降られた神跡とされる。末社の浮雲神社は、本宮神社と同体とされるが、雨乞い祈願がなされたのだから、祭神を天児屋根命とするのは疑問である。

藤原氏は、その後も長岡京に大原野神社（遷都のとき氏神勧請）、平安京に吉田神社を創建して、同じく春日社の四座を分祀した。いずれも官社に列し、同氏から出た后妃の参詣や摂関家等公家の崇敬があった。鎌倉幕府の将軍、藤原頼経も鎌倉に春日社を分祀した。

以上に見るように、中臣氏・藤原氏にとって春日四神の重要性は言うまでもないが、四神祭祀と中臣氏の歴史を考える場合、上古からの職掌や役割を十分考える必要がある。

中臣氏及び卜部の初期段階

「中臣」が何時頃からの名乗りなのかは、史料からは具体的に不明であるが、初期の中臣氏の人々として記紀等の史料に見える者たちの動向を考えてみる。天孫降臨伝承に見える天児屋根命、及び神武東征に随行したと見える天種子命という、神代ないし神武期の神・人を除くと、大和王権（大和朝廷）が版図を拡大しその基礎を固めた崇神朝以降の動きが、戦後の学究の多くにあっても史実の可能性を考えられている。

この時期では、『書紀』の垂仁朝の二五年二月条に初めて「中臣連の遠祖大鹿島」と「中臣」の名が見え、朝廷重臣の五大夫の一人にあげられる。その順が阿倍臣の遠祖武渟川別（たけぬかわわけ）、和珥臣の遠祖彦国葺（ひこくにふく）、次いで中臣連の遠祖大鹿島、物部連の遠祖十市根（とちね）、大伴連の遠祖武日となっている。臣姓二氏の遠祖に続いてあげられる伴造三氏のなかでは、中臣・物部・大伴の順で記載されるが、祭祀担当者の地位がその当時高かったと考えれば、これが後世の記紀編纂時の虚飾ないし潤色だと直ちには言い切れない。このとき、垂仁天皇はこれら五大夫に対して、万機を修め神祇を礼祭して精勤し、人民の富殖と天下泰平につとめ神祇の祭祀を怠るなかれ、と詔したという記事に続くから、この記事の関係でも、祭祀担当の中臣氏の遠祖が朝廷内の高順位で見えても不思議ではない（「大夫」という官職が当時存在したかどうかは不明も、高官と捉えればよいだけ。この記事にも造作論があるが、合理的根拠に欠ける）。

祖として大鹿島の名が見えるのは『書紀』ではこのとき限りであるが、北畠親房の『職源抄』では、垂仁朝に神宮が伊勢に鎮座のとき、中臣祖の大鹿島命が祭主に任命され、それ以降、子孫の中臣氏に職務が代々継承されたとも記される。しかし、記紀にはこの記事がなく、また、倭姫命の大神奉祀の御道駅使に同人が任じられたともいうが、伊勢神宮が伊勢に置かれたのは、実際には遥か後世の雄略朝のことであり、十三世紀後葉頃に成立の偽書『倭姫命世記』などの史料を安易に信頼してはならない。

その少し後の垂仁天皇の同年三月条の『書紀』割注の記事には、崇神天皇が神祇を祭祀したとき、誰に大倭大神を祀らせるのがよいのかを中臣連の祖・探湯主に卜占させたと見える。「探湯主」は、熱湯を通じて神意を尋ねる卜占手段「盟神探湯（くかだち）」にも通じるような名前（通称）であり、このときはどのような形で卜占をさせたかは記さないが（『古事記』垂仁段の記事に太占が見える）、中臣氏の祖とされる者が卜占に関与したことは興味深い。「探湯主」の訓みは、一般に「クカヌシ」とされ、「中臣氏の系図」（後ろで詳しく検討予定。とりあえず『尊卑分脈』所載の中臣氏の系図を念頭においておく）に見える久志宇賀主（くしうかぬし）命との関連がこれまで指摘されてきた。

飯田武郷の『日本書紀通釈』（一八九九年成立）では、「探湯主」は久志宇賀主命と同人とみるが、「松尾社家系図」では久志宇賀主命の子に「探湯主」を置く形となっている。「久志」は櫛・奇の意であり、「探湯主」が神意を聞く者に通じる名であるから、中臣氏の系図に久志宇賀主命の父として見える「神聞勝命」という名にも通じており、世代と命名（いずれも通称であるが）からみて、「神聞勝命＝久志宇賀主命＝探湯主」という三者一体の関係の可能性がある。ところが、神聞勝命と久志宇賀主命とは早くに名前が分離した模様であって、『姓氏録』の記事でも、数える世代数に差があって、一体説（同人）と二体説（異人で親子）などが混在している（この辺は後ろで検討）。

大倭大神の実体と祭祀

この崇神朝のときの祭祀対象となった「大倭大神」とは、どのような神だったのか。崇神天皇が祭祀をした神としては、三輪の大物主神や皇祖神たる天照大神、墨坂神・大坂神が『書紀』にあげられるが、これらとは別神としたほうがよかろう。

奈良盆地東縁部の大和国山辺郡を主な領域とした倭（やまと）国造は、大和では葛城国造とともに最も古いとされ、神武朝に設置されたと『書紀』や「国造本紀」に伝える。倭国造はその祖の珍彦（うずひこ）が神武創業にあたって大きな貢献をした行賞であって、その子孫の倭国造一族が代々奉斎した古社に大和（おおやまと）

神社があり、中央に日本大国魂大神（倭大国魂神）が祀られる。その実体は、倭国造の遠祖神でもある筑紫に在った大己貴命のことである（葦原色許男神で、三輪の大物主神からすると曽祖父にあたる。居住地が出雲ではないことに注意）。上記垂仁紀の割注では、占いにより渟名城稚姫命が祭祀者として適任とされ大市の長岡岬で祭ったものの、やがてこの姫が体調を崩し病弱となり勤仕ができなくなったので、大倭直の祖、長尾市宿祢に命じて祝い祭らせた、と見える。これより先、『書紀』崇神七年十一月条にも、長尾市をもって倭大国魂神を祭る主とするという記事があり、これと符合する。ただ、崇神朝に置かれる記事はおそらく編纂時の誤入で、実際の年代は垂仁朝かとみられる。

渟名城稚姫命については、名前の類似から崇神天皇の皇女とされる渟名城入姫命とみられており、これ自体は問題がないが、実はもっと有名な名で知られる巫女でもあった。皇女の名の「渟」は、阿倍氏の祖・武渟名河別の「渟」と同じで、皇祖神・瓊瓊杵命や崇神の名の御間城入彦五十瓊殖命、孝霊天皇の名の彦太瓊の「瓊」にも通じて、「玉」の意をもつ。とくに名前の通じる孝霊・崇神の両天皇とは実際にも近親関係があって、孝霊の皇女で崇神の姉妹（同母か）という女性だとみられる。この者こそ、上古史上で有名な巫女、倭迹迹日百襲姫命と同人である。だから、垂仁期の祭祀者交替は、巫女の老衰という事情が因にあったかもしれない。

『書紀』には、孝霊天皇と妃の倭の国香媛との間に、倭迹迹日百襲姫命や彦五十狭芹彦命（吉備津彦命）、倭迹迹稚屋姫命が生まれたとし、『古事記』には孝霊天皇と妃のオホヤマト・クニアレヒメのミコトとの間にヤマトトモモソビメのミコト、ヒコイセサリビコのミコト（大吉備津日子命）、ヤマトトビハヤワカヤヒメなどが生まれたと記される。倭の国香媛すなわちクニアレヒメとは、倭国造ゆかりの女性で、かつ、クニアレの義「国、生まれ」が示すように「国の母」の意味であって、具体的には実質的な大和朝廷初代大王たる崇神天皇の母を示唆する。また、吉備臣の祖・吉備津彦が、後裔の祭祀事情などから見て、上記百襲姫の実際の兄弟とは考えられないが、母系などで百襲姫と吉備津彦とは強いつながりがあり、百襲姫が倭大国魂神を祀った「竜王山」については、同名の竜王山が、古代吉備臣氏の領域を取り囲むように吉備地方に数多く存在することに留意される。倭迹迹稚屋姫（ヤマトトビハヤワカヤヒメ）のほうは、名前からして百襲姫と同人とみられる。

百襲姫については、この倭大国魂神への奉仕の話しが転訛して、三輪山の大物主神の妻となったという神婚譚となり、大物主への自らの不明・不敬を恥じて箸で陰部を突いて死んだので大市の墓ができたということにもされたが（これが「箸墓」の名の由来だともされる）、転訛の話しはすべてが史実ではない。だから、現在のいわゆる「箸墓古墳」（箸中山古墳。墳長二七八メートル）が倭迹迹日百襲姫命の墳墓のはずがない。倭大国魂神祭祀の地の「大市」に築かれた墳墓が大市墓であり、南側近くに長岡に通じる長岳寺という寺（竜王山の真西麓。大和神社の神宮寺として創建という）があって、西殿塚（にしとのづか）古墳（衾田（ふすまだ）陵。墳長二一九メートル）にあたる。同墳は箸墓古墳に次ぐ古い初期古墳であり、倭大国魂神が鎮座した竜王山の西麓に位置する。長岳寺の西方

大和平野から望む竜王山

近隣の天理市岸田町には渟名城入姫神社も鎮座する。

西殿塚古墳の西南近隣で中山町にある初期古墳の中山大塚古墳は、倭国造祖の長尾市の墓に比定される可能性がある。中山大塚の近隣に大和神社の境外末社の歯定(はじょう)神社があって、大己貴神・少彦名神を祀る。大和神社の原鎮座地については、当初が「大市の長岡岬」にあたる長岳寺辺りとされ、後に数度の遷座を経て現鎮座地におさまっている。

『風土記』に見える中臣氏の遠祖たち

話しを中臣氏のほうに戻して、祖先の「大鹿島」の名は常陸国の鹿島郡・鹿島神宮を想起させ、大織冠鎌足の先祖は常陸鹿島から来たという説まで出されている。この「大鹿島」という名は当地に因む通称であろうが、大鹿島なる者の前後の世代の者だと中臣氏の系図に見える者、すなわち神聞勝命及び巨狭山命の名が『常陸国風土記』の香島（鹿島）郡の二つの記事に見える。

同書の記事によると、まず「大中臣の神聞勝命」で、崇神朝の時に大坂山の頂に白妙の服に白鉾を杖にした神が出現し、われを祭祀すれば天皇の治める国々を平穏にするといわれたので、この神は誰かと群臣に問われると、神聞勝命が、「それは香島の国に坐す天津大御神です」と答えた。そこで、神聞勝命に命じて幣、太刀十口、鉾二枚、鉄弓二張、練鉄一連など多くの物品を鹿島の神に奉納した、と見える。鹿島の中臣氏は、神聞勝命の子孫とされ、神聞勝命はそのまま鹿島に止まり祭祀に奉仕したとも伝えるが、同書にはそこまでは見えない。

これに対応する記事は、『書紀』にも崇神九年三月条にあり、天皇の夢のなかに神人が現れて、赤の八つの盾・矛で墨坂神を祀り、黒の八つの盾・矛で大坂神を祀れと教示したと見える。『古事記』

でも崇神段に、宇陀の墨坂神に赤色の楯・矛を祭り、大坂神に墨色の楯・矛を祭ったなどの天神地祇の祭祀の記事がある。これら記事では、中臣氏の祖先の名は見えない。

「大坂山」とは大和・河内の国境にある二上山（奈良県葛城市と大阪府南河内郡太子町の境）のことで、山の北側を通る道を古くは「大坂道」（穴虫越）と呼んだ。大坂山の神とは、**大坂山口神社**で祀られる神であるが、同名社が奈良県香芝市に穴虫とその東北隣の逢坂（おうさか）との二か所ある。そのどちらに比

大坂山口神社。香芝市の穴虫㊤と逢坂㊦の二か所にある。

定するかは諸説あり、総じて穴虫説のほうが多い。逢坂の祠官家が紀伊国造同族の大坂直と伝える事情などからも、穴虫説がよいか。祭神も、逢坂の方のは大山祇命・須佐之男命・神大市比売命で、穴虫の方は大山祇命・須佐之男命・天児屋根命とされるが、鹿島社との関連を重視すると中臣祖神（建御雷神か）とするのが妥当そうで、これでも穴虫説となる（穴虫と逢坂の両社は、近鉄大阪線の二上駅を挟んで近隣するから、もとは合わせて一社かとの見方もある）。

また、**墨坂神**については『神道大辞典』も不詳とするが、大和国宇陀郡（当初の墨坂から現鎮座地の宇陀市榛原町萩原に遷座）のほか、信濃国高井郡にも有力な墨坂神社があって（現・長野県須坂市の墨坂〔旧県社〕と須坂芝宮〔旧郷社〕とに二つの論社。なお、「論社」とは、式内社の比定候補社のこと）、合祀の関係からか八幡宮ともいわれる。皇裔の多氏族の科野国造一族（及びその流れを汲む中世武家の須田氏や高梨氏）が同神を奉斎したとしたら、実体は天孫族の祖神・五十猛神かもしれない。科野国造は、「国造本紀」には崇神朝に健五百建命が国造に定められたと伝える古い氏姓国造である。畿内から信濃北部へ墨坂神及び生島足島神を伴って遷住しており、両神は畿内のほかは信濃にのみ鎮座するという特色がある。生島足島神とは、京の宮中及び摂津（東生郡式内社の難波坐生国咲国魂神社。現在の天王寺の生国魂神社）に鎮座する大八嶋の守護神であり、その実体は男性の皇祖神たる天照大神（生国魂神、活玉神。天照大神の原型は女神ではないことに注意）であった。信濃には、小県郡の名神大社の生島足島神社（長野県上田市下之郷）として鎮座した。

神聞勝命と久志宇賀主命との関係は、多くの中臣氏の系図に親子で見えるものの、両者は同一人とするのが妥当らしいと先に述べた。その者が伊豆国造の祖の娘（一に穂積臣の祖の妹）を妻として生んだ子が上記の大鹿島命であり、大鹿島は、崇神朝に常陸に派遣され筑波国造の祖となった筑簟命の娘・長己呂（ながころ）媛命を妻として大楯命を生んだが、これが中臣鹿島連や殖栗（えくり）連（春日大社祠官の中臣氏）の祖だと系図に見える。

巨狭山命の活動と鹿島神の陸奥分布

鹿島神宮（茨城県鹿嶋市）

『風土記』香島郡条で次ぎに見えるのが巨狭山（おおさやま）命であり、倭建命東征と密接な関連を有した。同書では、倭武天皇（倭建命）の東征のときに、「天之大神」が中臣の巨狭山命に対し、御舟をもって仕えなさいと託宣したので、長さ二丈余の舟を三隻造って献上したと見える。別の伝承では、巨狭山命は倭建命の東征に随行して甲斐に至ったことが見えるから、この当時、この者は主に東国に在って活動した。その子の狭山彦命が中臣鹿島連の祖先だとも伝える。「三隻の舟」は鹿島神に対して奉納されたようにも受けとられるが、実際には倭建命の東征にあたって、その用に献上されたものであろう。

この巨狭山命の足跡に関連するのが、陸奥各地に広く多数分布する鹿島神である。これは、陸奥の開発及び征夷にあたって武神としての鹿島神・香取神が神の庇護などで大きな役割を果たしたことを示唆する。

『延喜式』神名帳を見ると、鹿島神関係の神社が合計八社（鹿島神社が信夫・磐城郡、鹿島御子神社が牡鹿・行方郡、鹿島天足別（あまたらしわけ）神社が黒川・亘理郡、ほかに鹿島眷属神二社が亘理郡）、香取神関係の神社が合計二社（香取眷属神二社が牡鹿・栗原郡）、あげられる。六国史の『三代実録』の貞観八年（八六六）正月廿日条の記事によると、常陸国鹿島神宮司の言として、陸奥国には鹿島大神の苗裔神が菊多郡一、磐城郡十一、標葉郡二、行方郡一、宇多郡七、伊具郡一、亘理郡二、宮城郡三、黒河郡一、色麻郡三、志太郡一、小田郡四、牡鹿郡一で合計三八社あると記される。これら神社の殆どが、いわき市の藤原川、南相馬市の真野川、阿武隈川及び北上川といった諸河川の下流地域、海岸部に祀られており、航海安全の神としての役割もあったとみられている。

このような鹿島神・香取神の祭祀がどのような氏族により陸奥で担われたのであろうか。現存史料には、中臣連支族が明確な形では陸奥での分布が見られず、占部についても、大宝二年の戸籍（正倉院文書）で陸奥のどこかの地の居住が知られるにすぎない。とはいえ、同戸籍には、大伴部・丸子部・大田部という大伴氏の部民の人々の記事が一緒に見えるから、倭建の陸奥遠征を主にささえた大伴氏との関連に注目される。最近各地で発見が進んでいる木簡のなかには占部の名もいくつか見えており、陸奥関係では、宮城県多賀城市の市川橋遺跡出土の木簡に占部小国、多賀城跡出土の木簡に占部弟麻呂など三名が見えるから、古代陸奥のウラベの分布はかなり多かったのかもしれない。

鹿島神等の祭祀氏族に関連して、寺村光晴氏は、常総における玉作及びその関連の製作遺跡を分析して、それが香取社との存在と関連があるとみている（『古代玉作形成史の研究』、一九八〇年）。鈴木真年は、東京都の阿伎留（あきる）神社の祭祀に玉作部と中臣氏の先祖が一緒に崇神朝に伊豆や武蔵に来ており（次項で説明）、この玉作部の子孫が陸奥に派遣されて、成務朝には阿尺・信夫・志太・伊久（伊具）・染羽（標葉）及び白河の六国造となり、陸奥各地に玉造という地名を残したと指摘する（『日本事物原始』）。これら陸奥六国造は、阿倍氏や丈部とも関係しそうであるが、先にあげた鹿島神社のうち、信夫郡の鹿島神社（式内社の論社で福島市岡島に鎮座）は、社伝によれば信夫国造の久麻直（くまのあたい）命が開拓神として武甕槌神を祀ったのが創祀だといわれる。

中臣氏の系図に拠ると、臣狭山命は倭建命の東征に随行し、東国での最後の地・甲斐（甲府市の酒折宮あたり）で天神地祇を祀ったと記される。この者自身が遠く陸奥まで行ったかどうかは不明も、鹿島神の広範な陸奥分布にあっては、中臣氏の先祖や部民関係者が倭建東征に随行・貢献したことに因るとみられる。奈良時代になって藤原式家の祖・宇合が、陸奥の蝦夷が反したときに持節大将軍で赴任し、これにも鹿島・香取両神が帯同した。

鹿島の中臣氏の系譜は、「崇神朝の神聞勝命（久志宇賀主命・探湯主命）↓垂仁朝の国摩大鹿島命↓景行朝・倭建命の時の巨狭山命」と本宗家歴代の三代が続くから、この流れは世代的に自然であり、これらの当時の四世紀代の前葉・中葉頃は、中臣氏の主体が東国の常陸鹿島に在ったものか。上記の「天之大神」とは、香島の国に坐す天津大御神であり、その実体は建御雷神（武甕槌神）であった（志田諄一氏も同説）。後述する「伊豆国造系図」等を踏まえると、「鹿島御子神」とは「天足別神（同系図には天児屋根命の別名）」とみられる（『日本の神々⑫』で和田文夫氏も同説）。

中臣一族の東国在住

東国在住に関連しての中臣氏一族の動向が、武蔵国多摩郡の**阿伎留（あきる）神社**（現・東京都あきる野市五日市町）に関連する伝承等に見える。

鈴木真年の編著『華族諸家伝』や『日本事物原始』及び中臣氏の系図に拠ると、崇神朝の時に玉作部一族の小塩命が武蔵国多摩郡に来住して、そこに祖神の天明玉命を祀ったのが阿伎留神社であり、そのとき同行して中臣氏の兄勝命・弟勝命の兄弟（小塩命は母方のイトコ）も東国へ来て、多摩郡で阿伎留大神及び大麻止乃豆神（中臣氏の祖神）を祀ったと伝える。兄勝命の後裔は武蔵及び伊豆の卜部となり、弟勝命の後裔は常陸の占部及び殖栗連となった。この兄弟と上記の神聞勝命との関係は、伝えられる系譜の全てで別人とされるが、時期や後裔・移住地などを考えると、神聞勝命は実際には弟勝命に当たるとみられる。阿伎留神社の現宮司家は、小塩命の末流の阿留多伎家（もとは「有竹」という）であるが、創祀や系譜の伝承を殆ど失い、小塩以来の歴代七四名を名前だけ伝えて、武蔵国造の同族とする（天穂日命後裔の武蔵国造土師連男塩から歴代を始めて、男柄、速男、大庭、……と続ける）。

さらに、神功皇后のときに朝廷の重臣、四大夫の一人として供奉した雷大臣命、すなわち跨耳命であるが、神聞勝命から雷大臣命までの四世代は、親子関係の流れとして自然であり、系図としてもとくに問題は見出せない。記紀及び風土記という重要史料のなかに、崇神朝から応神朝に至る四世代（天皇についていえば、世代配置が「①崇神―②垂仁・景行―③成務―④仲哀・応神」となる）の歴代の名全てが記載される例は、他の古代氏族諸氏には見えないから、中臣氏の歴代が当時それなりの勢

阿伎留神社（東京都あきる野市）

力を有したことがこの点でも傍証される（「大夫」という職名の是非はともかく、中臣氏が当時の朝廷でそれなりの重職にあったとみられよう）。

さて、西国の『肥前国風土記』にも「卜部の殖坂（うえさか）」が見える。同国基肄（きい）郡の長岡神社の項には、景行天皇が筑紫巡狩のときに筑後の高羅（こうら）の行宮（久留米市の高良山麓付近）から戻ってきて酒殿の泉のほとり（佐賀県鳥栖市の酒井のあたり）で御膳をうけたときに、天皇の鎧が異様に輝いたので、この神意を占わさせた者の名とされる。当地の神が御鎧を所望するという神意だと受けとり、それを奉納したのが永世の社（長岡神社）だと記されており、今も同名の神社が鳥栖市永吉町に残る。いま同社はこの地主神の名を失い、八幡大神・春日大神及び住吉大神を祀るが、卜部殖坂なる者は中臣一族で伊豆卜部の先祖に当たるので、あるいはこの辺りが中臣氏の先祖が居た地に関係するのかもしれない。いま、同社が春日大神を祀るというのも、なんらかの名残だったか。「基肄」が紀伊と同じであり、中臣氏が紀伊国造と広く意味で同族（山祇種族）であったことから、想起されることである。

武蔵・伊豆の卜部の系図では、卜部の殖坂は上記の兄勝命の孫にあげられる。伊豆の卜部（占部）については、卜部平麻呂などに関して後ろでも触れるが、奈良時代の荷札木簡として平城京などで出土としたなかに、賀茂郡の三島郷・稲梓（いなずさ）郷の占部の名が見える。この記載の木簡が三島郷戸主の占部久須理（占部薬）など四例もある。

少なくとも三人いた「イカツ」なる者

先に、第1図で「中臣氏の概略系図」をあげたが、そこには「イカツのオミ」なる名前の者が、少なくとも三人も記紀等の史料に現れる。具体的にその中の名前をあげると、⑤伊香津臣命、⑪跨耳（あとみみ）命と⑬「阿麻毘舎（あまびさ）卿の近親らしき者」であり、その状況は次の通り。

先ず、⑤伊香津臣命は、『近江国風土記』逸文の伊香小江の項に見えて「伊香刀美（いかとみ）」と表記され、天上より白鳥として降りてきた天女を妻とし四人の子女を生んだとされる。この第五世孫の伊香津臣命を⑪烏賊津（いかつ）使主と混同する見方もあるが（岩波古典文学大系『日本書紀上』の補注8―六）、これは活動年代の差異を無視したもので、記紀の上古記事を簡単に否定する造作説の見地から来ているにすぎない。

次の⑪跨耳命は雷大臣命とも表記される。『書紀』神功摂政前紀には中臣烏賊津使主と見え、記事に拠れば、筑紫の橿日宮（かしい）（福岡市の香椎）で仲哀天皇崩御の時の四大夫の一人（他は大三輪氏・物部氏・大伴氏の先祖）であった。ここで、神功皇后が神主となって、沙庭での審神者（さにわ）（神託を聞き、その意を解く者）として烏賊津使主が指名され、先日に天皇に対して教示を与えた神の名を告げた、とされる。右京人の栗原勝（くりはらのすぐり）子公の奏言でも、先祖のオミサヤマの子の伊賀都臣が百済に渡って当地に子孫を残したと記される（『続日本紀』）。

最後の、中臣烏賊津使主は、『書紀』允恭七年の記事に允恭天皇の舎人として見え、衣通郎姫（そとおしのいらつめ）の話に登場し、天皇の意を受けて、この姫を皇妃に迎えるよう計略を用いて働いている。衣通郎姫の名は藤原之琴節郎女（ことふしのいらつめ）といい、高市郡の藤原宮に居て、名代（なしろ）の藤原部はこの姫のために設置されたから、同じ藤原の地に居た藤原氏の先祖がその召致に関係したことと符合する。イカツの名前は通称だとしても、実在性が強い。この烏賊津使主は、⑪とは半世紀ほど年代が違うから、同名異人とみられる。五世紀中葉頃の允恭朝の人としては、仲哀・神功皇后の時代とは年代が合わないから、こうした先祖と通称を同じくする中臣氏の氏人と考えてよい（河村秀根『書紀集解』とほぼ同旨。岩波・大系の上註では、『姓氏録』等の記事から見て別人とは決め難いとするが、この見方は基本的に疑問が大きい）。

　これらの話しや人々に共通する「イカツ」とは、自然現象としての「雷」のことである。山祇族系統には火を発する雷を崇敬する風習があって、中臣氏歴代の名前にも「雷」が取り入れられた。上古ないし古代の人名には同名異人の例や異名同人の例がかなり多く見えることに留意しておきたい。とくに同じ種族や系統の者たちに同じような名前が頻出する傾向があり、スサノヲや大国主という名がそうした例だが、中臣氏にあっては「イカツ」が同様であろう。鹿島神のタケミカヅチ神も、その表記には建御雷とか建甕槌とかいくつかあるが、猛々しい雷神というのが通称の意味で、それに漢字を当てはめたとみられる。

　中臣同族の紀伊国造系統で石見国造が奉斎した神に、霹靂（へきれき）神があり、石見国邇摩（にま）郡にはこの名の式内社が二社もあって（島根県の浜田市及び大田市に論社〔比定候補社〕が合計三社ある）、これも雷神のことである。中臣や卜部が鳴雷と関係が深く、『延喜式』巻一神祇一四時祭上には、山城国愛宕郡神楽岡の西北に霹靂神三座があり、卜部が祭ると見える。神楽岡の地には、後に吉田神社が創建されており、いまその摂社の神楽岡社が霹靂神三座にあたるとされ、その祭神を大雷神、大山祇神、高龗神とされる。

　雷神に関連して、『延喜式』神名帳では添上郡の筆頭にあげる鳴雷（なるいかつち）神社（名神大社）があり、中臣一人を遣わして祭りに供すると見える。現在は春日大社の境内末社の鳴雷（めいらい）神社として奈良市春日野町の能登川上流の山間地に鎮座する。祭神は天水分神とされ、明治の初年まで「高山（香山）竜王社」と呼ばれた。香山（かぐやま）は、春日山連峰の一つとして香山（こうぜん）の名で奈良春日の地にもあった。春日山は落雷の頻発所であり、この地に竜神（水神）信仰が生まれたが、春日山（主峰が花山で四九八メートル）の南に位置する香山（標高四九一メートル）は、佐保川・能登川の水源地であり、東麓に鳴雷社が鎮座する。同社は、二月の祈年祭、十一月の新嘗祭には中央から中臣氏の官人が差し遣わされたほどの格の高い神社であり、この由緒により、現在も春日大社の摂末社の中で唯一新嘗祭が行われる。古代の春日山信仰の中心をなす山であり、水神の守る山として崇敬され、中世には雨乞行事として種々の法会がなされた。春日山の西峰が御蓋（みかさ）山で、その西麓に春日大社がある（『奈良県の地名』など）。

紀伊国名草郡には、名神大社として鳴神（なるかみ）社があり、現在は水神・水戸の神として記紀に見える速秋津の彦・姫の二座が祭神とされるが、本来は同じ水神でも雷神のほうであった。すなわち、紀伊国造や大伴連の祖神・天雷命（香都知（かぐつち）命の後裔神であり、天石門別命こと天手力男（たぢからお）命の父神）として両氏

鳴雷神社（奈良市春日野町）

族に祭祀されたが、当地は古代から開けて忌部郷と呼ばれた。「鳴神」はイカヅチ（雷、香都知）の意味であることは確かであろう。いま火神カグツチを祀る同郡式内社の香都知神社（元は東二町の地にあった）と合祀されている。

なお、イカツオミ（とくに⑪の跨耳命・烏賊津使主）については、「仮構の建内宿祢なる人物と肩をならべる仮構の人物ということになる」という見方が上山春平氏から出されたが（『神々の体系』）、これにはなんら実証的な根拠が示されていない。

雷大臣命については、上記のように審神者として卜占をしたことが見え、『尊卑分脈』に同様の記事で卜部の姓を負うと見えるから、卜占の起源などについて次ぎに見ていく。

わが国卜占の起源と推移

『尊卑分脈』に所載の藤原氏の系図の前の部分に、中臣氏初期の簡単な系図があって「本卜部也」という注の記事も見える。これは、上記の『書紀』や『常陸国風土記』などの記事と符合する。一方、中村英重氏が、『尊卑分脈』の上記記事を後世の追記だとみるが、『姓氏録』などに見られる中臣氏と卜部の同祖意識や職掌上の関係は動かしがたい（横田健一氏や荊木美行氏など）。中臣氏の出自を卜部に求める見方は依然として有効である。

卜部が担った卜占は、古くは太占（ふとまに）と称して、鹿の肩胛骨（けんこうこつ）を灼き、その断裂形状によって神意を推判したが、後に朝鮮半島から亀卜（きぼく）の法が伝わって亀の甲を灼いて判断した（『神道大辞典』）。三世紀の『魏志』倭人伝には、倭人の俗として骨を灼いて吉凶の占いをしており、「亀法」の如しとあるから、太占と受けとられる（今井啓一氏も鹿卜とみる）。対馬、壱岐、北部九州の間で見聞したものと思われると、永留久恵氏が述べる（『古代日本と対馬』）。

記紀の記事では、国土生成のおりイザナミ神が蛭児を生まれたので天神が太占により対処方法を判断したと『書紀』に見え、『古事記』ではスサノヲ神の乱暴行為に関して、天児屋命・布刀玉命（両神は中臣・忌部の祖神）を召し、天香山の朱桜の木（天波々迦と表示）で牡鹿の肩の骨を灼いて占いをしたと記される。ともに、太占により卜占がなされたとする。卜骨の中では鹿の骨が断然多く使用され、鹿卜ないし鹿占と呼ばれた。『古事記』の垂仁段にも、皇子ホムチワケに関連して、「布斗摩邇」により出雲大神（出雲の大穴持神のこと）の御心から祟りがきていることがわかり、皇子の出雲行きの随行者の名まで卜占したと見える。この卜占を行った者の名は見えない。

外来の「亀卜」については令制に見られ、『令義解』にも神祇官が卜兆の語を解して、卜とは亀を灼き、兆とは亀を灼く縦横の文なりと見える。中国の『説文』や『六典』にも亀卜が見える。所伝では、神功皇后のときに中臣烏賊津臣が命を帯びて韓地に渡り、その法をわが国に伝えたという（永留久恵氏は、韓土には亀卜はないとして、中国からの直伝を想定する）。鹿卜に比べて、亀卜の卜甲の出土例は後出しであり、数も断然少なく、神奈川県三浦半島の間口洞窟や対馬の志多留貝塚などの

天香山神社境内にある「波々迦の木」（橿原市南浦町）

例があるとされる。

亀卜で吉凶を占うのが卜部であり、卜部は、主として亀卜を行うほか、大祓の解除（はらえ）や六月・十二月の道饗祭・鎮火祭に奉仕した。これらの儀式の性格から、神部が伝統的神道的な祭祀を行うのに対して、卜部は陰陽道的な祭祀を行うとする説がある（岡田荘司氏）。大宝の令制では、神祇官に属する卜部は二十人おり、伊豆・壱岐から各五人、対馬から十人が占いの堪能者から徴された（これを「三国卜部」という）。その卜部のなかに、伊豆出身の卜部平麻呂がおり、仁明天皇朝に出仕して亀卜の効験多く、承和五年（八三八）の遣唐使に随行し、帰朝後には神祇大史に任ぜられており、子孫は後に吉田家といい亀卜の家を起こした（平麻呂や卜部氏については、後でまた触れる）。上記の三国は、いずれも海に面して亀は入手しやすかった事情もあったろう。これを、「四国卜部」ということもある（三国卜部＋京の卜部か、対馬を上島・下島二国に数えるか）。亀卜の要領は、陰陽五行説を基本としており、その理論が古くから卜師の基礎教養とされていた。

わが国最古の亀卜書とされるのが『新撰亀相記（きそうき）』という書であり、実際の編纂時期もよく分からないものの（本文は大部分が『古事記』からの抄録で、同書を引用する最古の文献ともされるが、天長七年〔八三〇〕成立とも室町期の偽書ともいう）、記事の一部には古記録もあろう。なかに亀卜・鎮火祭・大祓等の卜部氏の職掌に関する独自の記事もあり、亀卜については、その起源・沿革・占法が記される。三国卜部の由緒や所伝も引用されるが、著者という「卜長上従八位下卜部遠継」の素性も不明である（実在の場合は、伊豆の平麻呂一族で、その叔母・島継〔『新撰亀相記』及び『続日本後記』承和元年条の記事に名前が見える〕の弟か）。

東国の太占の伝統

「太占」のほうに話しを戻すと、現在でも東京都の武蔵御嶽神社（青梅市御岳山。旧府社）及び群馬県の貫前神社（富岡市一ノ宮）でこれが行われており、大変珍しい神事である。貫前神社は上毛野君一族の物部君・磯部が奉斎した神社で（物部経津主神の奉斎に係る。中臣氏・卜部との関係は不明）、武蔵御嶽神社のほうは『延喜式』神名帳には大麻止乃豆乃天神社の名であげられており（その論社）、武蔵の卜部が中臣氏の遠祖神を祀る古社であった。

太占は、古くは同じ武蔵で近隣の阿伎留神社でも近世まで「肩灼神事」として伝えられた。先に武蔵の卜部の祖が大麻止乃豆神と阿伎留神とを崇神朝に祀ったというから、その頃に太占の技法も武蔵に伝えられたということで、話しは符合する。いま**武蔵御嶽神社**は櫛麻智命を祀り、相殿に大己貴命・少彦名命を祀る。社宝の狩野谿運筆『年中十二祭神事絵巻』には、肩灼神事（太占）や御狩神事、久米舞神事、鳴弦神事など往古の神事（いずれも山祇族の色彩あり）の様子が描かれる。同社には、太占神事について記した『神伝鹿卜秘事記』『卜肩略式』など興味深い資料も伝わる。奈良時代の『万葉集』巻十四の東歌のなかにも、「武蔵野に占へ肩焼き……」（歌番三三七四）という歌があって、武蔵でなされていた鹿占いが詠まれる。

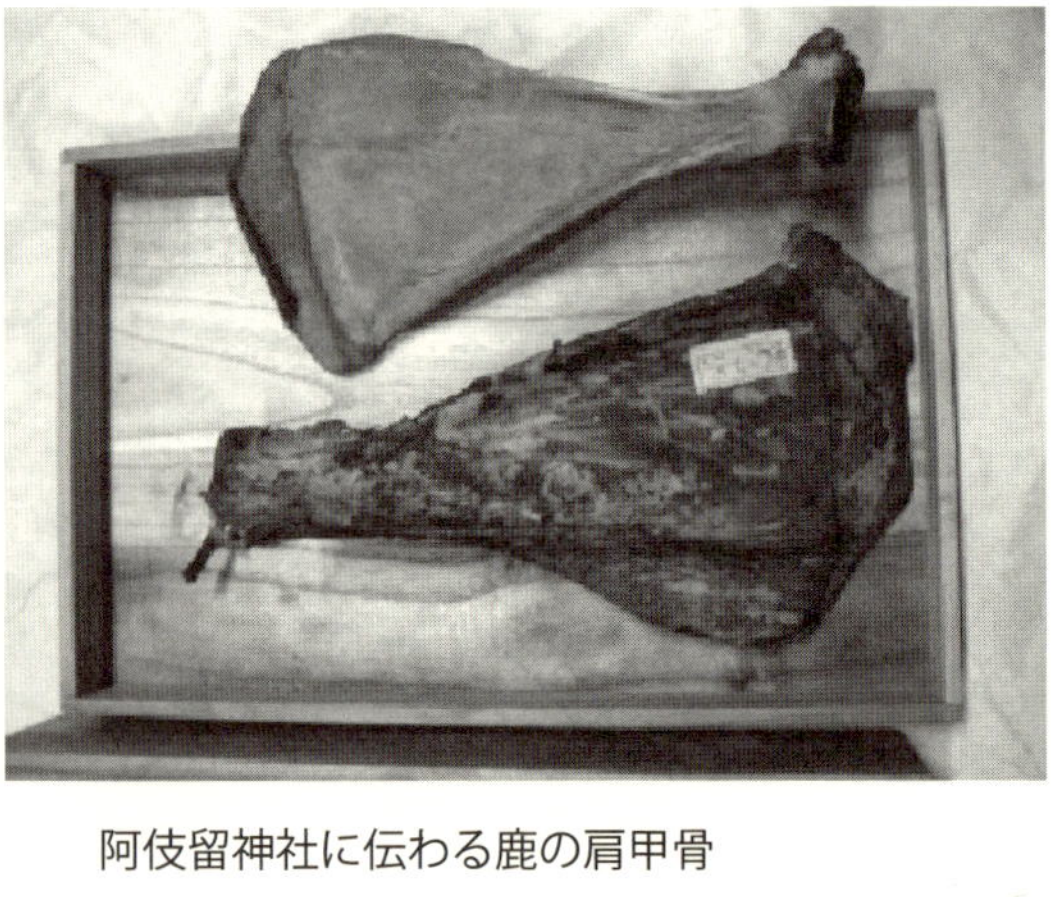

阿伎留神社に伝わる鹿の肩甲骨

武蔵御嶽神社はいま少彦名神も祀るが、これは阿伎留神のほうの眷属神である。同社の特殊神事には大口真神の神事があって、一年に三回（一月には太占祭と併せるほか、五月・九月にも挙行）も行われる。「大口真神」とは狼のことであり、この神社が犬狼信仰をもつ山祇族による奉斎を裏付ける。社伝でも、創祀は崇神天皇の七年と伝え、関東随一の霊場と称し、中世以降、山岳信仰の霊場として発展して武蔵・相模に渡る信仰圏を獲得した（現在は創祀起源が一部転訛して、四道将軍の武渟川別命が東方十二道を平定した時、大己貴命・少彦名命を祀ったとする）。同社の中興の祖が散位中臣国兼で、四条院の勅命により文暦元年（一二三四）に派遣されたと伝えられ、その後裔が祠官家の大中臣姓金井氏（途中、浜名氏を名乗る）となる。武蔵では荏原郡の池上本聞寺の開基、池上宗仲も大中臣姓を名乗った。

香具山の山頂に鎮座する国常立神社

多摩郡宮沢村（現昭島市宮沢町）にも御獄社があり、『姓氏家系大辞典』には「御獄社神職に市川氏あり、出自を明らかにせず」と記される。鈴木真年採集の武蔵卜部の系図では後裔に市川氏が見えるから、その一族とするのが妥当であろう。そうすると、青梅の武蔵御獄神社のほうの祠官家金井氏も、本来はやはり武蔵卜部の後裔だったか。

大麻止乃豆乃天神社については、武蔵御嶽神社のほか、東京都稲城市大丸の同名社が、論社とされる。「大麻止乃豆乃天神」とは、大和の天香山に鎮座する十市郡の式内社、天香山坐櫛真命神社の祭神でもあった。これが、いま天香山北麓の橿原市南浦町に鎮座する同名社に比定され、その境内には太占に使われた「波々架（ははか）の木＝朱桜」が植えられる。

天香久山の山頂にいま鎮座するのが国常立（くにとこたち）神社で、祭神は中臣氏が遠祖神と仰ぐ国常立尊とされる（吉田神道では国常立神を天御中主神と同一神とする。『尊卑分脈』所載の中臣氏系図でも、同一神を示唆する）。俗に「雨の竜王」と称し、寛政十年（一七九八）の石灯篭には「天香山竜王」と刻される。『五郡神社記』には、「天香山坐櫛真智命神社一座、在神戸郷香山村山頂、但東南」とあるから、山頂のほうが式内社天香山坐櫛真命神社だとする説がある（『大和志料』）。本居宣長の『菅笠日記』には、「この峯に竜王の社とて、小さき祠のある前に、いと大きなる松の木の、かれて朽のこれる……」と記される。おそらく、両社は山宮と里宮の関係にあったのであろう。「大麻止乃豆乃神＝櫛真智命神」とは、竜神で示唆されるように、実体が中臣氏の祖神のタケミカヅチ神（建御雷神、武甕槌神）であった。

「櫛真智」とは奇しき予兆の意とみ

神の使いとされる奈良公園の鹿

られ、平田篤胤も、櫛は奇なる由のたたえ名で、真知はマニ（麻邇）と同言で、太兆の業を始めた故の御名だと指摘する。「卜庭神」としては二座があり、それが左京二条に坐す神の「太詔戸命、久慈真智命」だと『延喜式』等ではみられてきた（『神道大辞典』）。両神の実体は、前者が天岩戸の前で祝詞（布刀詔戸言）を奏した天児屋根命であり、後者は建御雷神とみられる。櫛真智命は、先にあげた崇神朝の大坂山の神にも通じる建御雷神でもあった。神聞勝命こと弟勝命は、兄の兄勝命とともに東国に来て、常陸国鹿島の地で中臣氏遠祖神の建御雷神を祀ったのが鹿島神宮である。「鹿島」の地名は、神島に由来という説やキシマ（杵島）の関連説もあるが、鹿占に使う鹿が多くいたことに由来したものか。

だから、中臣氏の先祖神として『尊卑分脈』所載の系図には名前が見えないが、武甕槌命が奈良の春日大社において祀られるのは当然のことである。武甕槌命が白鹿に乗ってきたと伝えて、鹿が神使とされるが、ここで鹿が多く飼われたのも上記鹿卜の事情があった。

雷大臣命の系譜と関連して分かること

中臣氏の初期の系譜を探るために、『姓氏録』の記事を基本に見るとき、遠い祖先の神々を除くと、同書掲載の同族諸氏の祖先として最も多く名をあげられるのが「雷大臣命」である。この者についての表記については、烏賊津使主とか跨耳命など区々あるが、要は「イカツ＋オミ」（イカツ＝雷＝烏賊津）ということである。『尊卑分脈』では、この者が「始めて卜部姓を賜う」「雷大臣命は、足中彦天皇（仲哀）の朝廷のとき、大兆の道を習い、亀卜の術に達し、卜部の姓を賜りその事で供奉せしむ」という記事がある重要人物であった。祖先の久志宇賀主命に続いて、卜占に優れたと伝わる。卜部姓が実際にこの者のときに始まったかは疑問があるとしても、中臣氏の卜部という職掌は崇神・垂仁朝の時期を経て、この頃までに確立していたのであろう。

ところで、『姓氏録』の記事を見ると、祖先の天児屋根命からイカツオミまでの世代数について、十一世孫（津速魂神からだと十四世孫）という世代の数え方が最も多い。具体的には、左京・中臣志斐連、摂津・神奴連（一部の書に十世孫）、河内・中臣連、未定雑姓右京・中臣栗原連、未定雑姓摂津・津嶋直の五氏、及びこの数え方の系とみてよいのが二氏（左京・中臣酒人宿祢、河内・高良比連）があげられる。ほかに九世孫なども若干見える（a九世孫〔津速魂神からだと十二世孫〕とするのが右京・壱伎直、摂津・生田首の二氏、b端的に十世孫とするのは無く、その他では山城・呉公〔天相命の十三世孫。津速魂神の先の独化天神第三世の天合尊なら、世代数が疑問〕）。これらの世代数の差異は、どう考えたらよいのだろうか。

中臣氏歴代の系譜について、祖の天児屋命から鎌足（藤氏諸流元祖）までの部分を、『尊卑分脈』の記事に基づき掲げると、次のようになり（始祖の天児屋根命から世代数が分かり易いように、世代順に数字を付加）、雷大臣命は十一世孫に位置づけられる。そこでは、国常立尊の第八代孫の居々登魂命の長男として天児屋根尊をあげ、以下の系図のように続ける。

「◎天児屋根尊→①天押雲命→②天多祢伎命→③宇佐津臣命→④御食津臣命→⑤伊賀津臣命→⑥梨迹臣命→⑦神聞勝命→⑧久志宇賀主命→⑨国摩大鹿島命→⑩臣狭山命→⑪跨耳命（雷大臣命）→⑫大小橋命→⑬阿麻毘舎卿→⑭阿毘古連→⑮真人連→⑯鎌大夫→⑰黒田連→⑱常盤連→⑲可多能祐連（方子連）→⑳御食子卿→㉑大織冠鎌足」

（註）表記は『尊卑分脈』に拠るが、「大連」は美称なので連と記した。ちなみに、遠祖神の津速産霊神から数える場合の世代数は「尊卑分脈記事の各世代数＋3」となる。『姓氏録』左京神別の藤原朝臣条の記事には異伝もあり、記事の読み方にもよるが、鎌足が天児屋命の「二十世孫」（津速産霊から二十三世孫）に作るのが多数のようなので、若干違う数え方となる。こうした世代とほぼ同様な系図を伝える卜部氏も荒木田神主氏も、その系譜・出自には問題があるので、ただちに信拠できず、とりあえず『尊卑分脈』を基に考えたが、これには荒木田氏系図の影響があることに留意。『公卿補任』も、『尊卑分脈』と同様に、天児屋根命の廿一世孫とする。

この系図のうち、九世孫の国摩大鹿島命までは、名前の表記に若干の異伝があるぐらいで、世代数などにはほぼ問題がない。これ以後では、阿毘古連から黒田連にかけての部分などに系譜に混乱が見られる。ただし、ここまで見たように、⑦神聞勝命と⑧久志宇賀主命とは、名前と事績などから見て、親子ではなく、「同人（この場合、後者に大鹿島と同人という可能性も残る）」とするのが自然だから、雷大臣命についての天児屋根命からの世代数は、実際には十世孫であったようだと分かる（ただし、結論ではない。更に検討を要する点があって後述）。転写の際の誤記だったのかもしれないが、上記の神奴連の記事には書によって十世孫とも十一世孫ともある例があり、それよりも少ない世代数を伝える諸氏もある。

ところで、崇神朝の人である神聞勝命は、初代の神武天皇と同世代である天多祢伎命（天種子命）の五世孫となるが、記紀に記載の初期皇統系譜ではすべて直系相続で、「崇神天皇が神武の九世孫とされる」という形になるから、皇統系譜と比べると中臣氏の世代数が半分ほどの少なさで、全く一致しない。逆に、中臣氏の系譜のほうを是とすると、初期皇統のほうは四世代も数が多い。こうした不一致状況から考え、初期皇統と大和朝廷の主要諸氏について世代比較をしてみると、明確になるのは次の諸点である。

ア　主要諸氏では、神武創業の功臣たちの世代と崇神朝に活動したとみられる者の世代との中間に四世代（一世代が約二五年とみると約百年）の歴代が入っている。この傾向は、主要な古代諸氏ではほぼ例外なく示される。中臣氏のみならず、神武朝頃からの系譜が伝えられる物部連、大伴連、三輪君、葛城国造、倭国造、紀伊国造、忌部首など多くの氏の例があげられる（具体的には、拙著『「神武東征」の原像』一九六頁を参照されたい）。その例外といえるのは、皇統に近い世代数を伝える出雲国造家一族くらいであるが、出雲関係では、記紀記載の天皇家の世代数を踏まえて後に整理された可能性が大きい（出雲の二系統の氏族系譜が統合されて現伝の一系となったため、増数の可能性も考えられる）。

イ　記紀などに伝える初期天皇の治世期間が異常に長く、それが各人の異例の長寿と相まって、「闕史八代」などの初期天皇の実在性が、戦後の歴史学界の大勢として疑われてきたが、こうした異常な年数を二倍年暦ないし四倍年暦の考え方で調整してみると、実在性が強まる。そうすると、親子という生物学的存在から見て、兄弟などの傍系相続をいくつか途中に挟まないと世代交代がうまくいかないことに留意される。

ウ　記紀記載の上古系譜の中心たるべき皇統系譜と諸豪族系譜が明らかに異なる傾向を示すのは理由があり、当時の相続の常態ではなかった「直系相続」の形で歴代が十五世代（神武～仁徳の間）も連続する皇統系譜のほうがおかしい。すなわち、現在に伝わる記紀の皇統系譜は、原型では一世代にほぼ二人ほどの天皇（大王）を出した傍系相続が、後になって直系相続の形に改編された結果であると考えられる。系譜に疑問あるいは造作があるのは、むしろ初期皇統系譜のほうであった。

エ　戦後の学究たちは、上古の天皇のみならず、諸豪族の祖先たちの名前や系譜についても後世の造作だとか擬制系譜だとか簡単に主張するが、これは能力的に当時の人々に無理な話であり、こうした見方は極めて無理がある。明確に上記アの傾向を示す諸豪族の先祖や上古系譜は、むしろその実在性や血族関係を肯定することにつながる。

以上の諸点から見ると、記紀で人代とされる神武朝以降の系図部分は、生身の実体をもった具体的な個々人の世系として考えうる。その場合、一世代が約二五～三〇年、四世代で約一世紀余として、おおまかに年代を遡る形で上古の年代推計もされよう。これを、どの時点を基礎に遡るかという問題にもなるが、とりあえず、崇神天皇の世代の活動期を西暦四世紀の第１四半期とし（崩年干支の三一八年を認めるわけではない）、神武朝頃の中臣遠祖・天種子命を西暦二世紀の第４四半期頃に活動した人として仮置きしておく。これで、本書における中臣氏歴代の具体的な活動時期について、一応のメドがつくことになる。

三　欽明朝以降の中臣本宗家と鎌足の先祖たち

中臣本宗家の動向

中臣・占部についての基礎的な検討を終えたところで、史料を踏まえて応神朝（西暦五世紀初頭頃を中心とする治世時期）以降の中臣氏の動向を見ていくことにする。

ところで、現存する記紀等の史料では、応神朝以降に活動する中臣氏の人物については、『書紀』允恭朝に見える舎人の中臣イカツオミを除くと、欽明朝の仏教論争に見える中臣鎌子連が初見となる。これに近い傾向は、同じ伴造階層の物部氏・大伴氏などでも見えており、応神朝あたりの時期に何か大事件があってその影響ではないかという可能性を示唆する。

具体的に、『日本書紀』の応神・仁徳の両段を見ると、そこに現れて活動する人々については、ある特徴的な傾向がある。それは、中央氏族の族人は、和珥氏と葛城氏及び多氏、倭国造くらいにほぼ限定されており、地方関係では吉備・日向・出雲などの地域出身の人々が多く見えるから、大和朝廷の版図が列島内に拡大していることは分かるが、なぜ中央の他氏族やその族人の活動があまり見えないのかという問題である。多くの氏族では、五世紀中葉頃の反正朝～允恭朝の時期には臣・連などのカバネを帯びたようにみられるが、明確でない。その辺の事情も、中央氏族の動向不明のため、よく分からないことが多い（推定を端的にいえば、従来の大王家とは異系の出であった「応神による皇位簒奪」の影響か。これに続く、仁徳の皇位簒奪、住吉仲皇子の叛乱などの事件も関係するのかもしれない）。

排仏崇仏論争のなかの中臣氏

中臣氏の氏人として最も古く見えるのが、一般に欽明朝の鎌子連とされる。『書紀』の記事に拠ると、五世紀半ば頃の時期、欽明十三年に百済の聖明王から仏像・経論等が献上されたとき、この礼拝の是非を天皇が群臣に問われた。大臣蘇我稲目宿祢は礼拝を主張し、大連物部尾輿と中臣連鎌子は、蕃神崇拝はわが国古来の国神の怒りを招くとして、これに反対した。天皇は仏像等を稲目に与えて試みに礼拝させたが、しばらく後に疫病が流行し多数の死者が出たので、その原因が仏教受入れにあるとして、尾輿と鎌子は共に仏像投棄を上奏し、その結果、難波の堀江に仏像等を捨て伽藍を焼き払った、と見える。

この中臣鎌子については、『尊卑分脈』系図に見える鎌大夫（真人大連の子で、黒田大連の父の位置におかれる）にあたるとみられているが、名前が通じる藤原鎌足と本来、同一人物ではないかとみる見方もある。鎌子と鎌足を同一人物とすると、年代的にも世代的にも問題があるからか、「松尾社家系図」のように、真人の子ともされる鎌子一代を落として、「阿毘古→真人→黒田→常磐（鎌足の曾祖父）」と歴代を続ける系図もあり、黒田と鎌子とを同人とする系図もある。太田亮博士は、同一人物の見方も考えるが、この鎌子と鎌足は明らかに同名異人である。また、鎌子が鎌足の名を踏まえた後世の造作とする見方もあろうが、これはまるで根拠がない。中臣氏の系には、先に掲げたイカツとかミケ（御食津臣命、御食子）とかの名も歴代に同名者が見られるが、これらを造作だと切り捨てる理由はない。欽明朝の鎌子連は、母が物部大前宿祢の女とする伝えもあり、物部氏と近かった。

時期的に見て、鎌子連の子とみられるのが『書紀』の敏達・用明朝に大夫として見える中臣勝海連である。上記の仏像廃棄の後に崇仏派の巻き返しが成功しており、敏達朝十四年に疫病が流行したとき、大連物部守屋と中臣勝海大夫が奏上し、蘇我臣が仏法を行うのが原因だとして、寺塔を焼いた（同年の割注には中臣磐余（いわれ）連と見える）。さらに用明朝二年（西暦五八七）に、天皇が病気になると仏法に帰依して平癒を祈りたい旨、群臣にはかられたときに、守屋と共に勝海は反対して、崇仏派の蘇我馬子と対立した。勝海は当初、太子の押坂彦人（おしさかひこひと）大兄皇子らを呪詛・排除しようとしたが、この計画がうまくいかないと知ると、かえって彦人大兄に帰服しようとして同皇子の宮を訪ねた帰途に、その舎人の迹見（とみ）首赤檮（いちい）によって殺害された。これが用明二年四月のことであり、その後まもなく同月中に用明天皇は崩御された。

中臣氏の系図には、勝海連の父を鎌子ではなく、真人とする所伝もあるが、真人は継体朝の人というから年代的に疑問である。勝海には古多比などの子があったといい、子孫も記す系図もあるが、これらは記紀等には見えない（この辺については後述）。

中臣氏が物部氏の配下にあった（横田健一氏など）とか、両氏に強い結び付きがあったとする見解もあるが、上記の排仏論でほぼ一致した行動が両氏に見られること及び「中臣」を冠する氏が物部一族にあること以外では、疑問が大きい。両氏の勢力圏がともに河内で近隣でもその根拠は弱いし、両氏の通婚は殆ど見えない。継体天皇との関係で、中臣氏の大和進出とか朝廷内の地位上昇を考える向きもあるが、これも全くの想像論である。

中臣連という姓氏の賜与時期

いったい、中臣氏はどの段階で中臣という氏の名になり、連姓をもったのであろうか。何時、具体的に「中臣連」となったのかという問題である。これについては、現存史料にまったく見えない。延喜本系では、欽明朝の常磐のときに「中臣連」となったように記されるが、それが本当だとしたら、他の諸氏に比べかなり遅いから、おそらくそれは「鎌足の直接の祖系」について限った話しではないかとみられる。

この鎌足の家系が古来の中臣本宗家であれば、この記事が正しいとは言えず、これまで諸説がある。元は連姓ではなく、臣姓で中臣（なかのおみ）（「仲、那珂」＋臣）であったという説も太田亮博士などにあるが、これは全く立証ができていない（中臣氏族に臣姓諸氏はかなりあるが、やはり極論）。それ以外の所伝・所説を見てみると、①仁徳朝の阿麻毘舎の時に賜姓、②その子の阿毘古の時、というのがあり、かなり遅れて、③鎌子（賀麻）の時の欽明天皇朝、④延喜本系に記載のように欽明朝の常磐ということで、これが下限となる。太田亮博士は、景行・成務朝頃とみるが、『書紀』の記事に囚われすぎであり、早すぎて疑問が大きい。

この問題に関連して、「中臣」の意味するものを考えねばならない。というのは、「中臣」は元のウヂの名の「卜部」と密接な関連があるというのが通説だからである。

すなわち、上田正昭氏が『日本古代史大辞典』の「なかとみし（中臣氏）」の項でいうように、氏の名の由来については、「皇神（すめがみ）の御中、皇孫（すめみま）の御中執り持ち」（延喜本系）とか「世々天地の祭を掌り、人神の間を相い和す、仍（よ）りてその氏に命じて中臣と曰（い）ふ」（『藤氏家伝』上）という記事を引いて、神と人、天皇と諸臣の中をとりもつ氏という性格と捉えている。同様の趣旨が中臣氏が伝来する「天神寿詞」にも見えており、とくに神と人の中をとりもつという職掌は、それがすなわち「卜部」ということになる。

これに対して、太田亮博士は反対説を述べる。『姓氏家系大辞典』の記事によって所説をあげると、通説の見方は無理な語源説明だとし、豊前国仲津郡中臣郷・仲津郷附近を原郷として、中臣のナカは地名で、オミは原始的カバネであって、ナカノオミの意にほかならずと考える。しかし、神武創業の臣であった天種子命が宇佐国造の祖の妹を妻にした記事があっても、これの傍証にはならず、『書紀』には豊後国に景行巡狩のとき「直入中臣神」が志我神・直入物部神とともに見えるからといって、原郷や由来についての太田説が正しいとは限らない。豊後国直入郡にはその後も中臣氏が見えないし、山間地すぎる。

現実に中臣氏が神意をさぐる卜占担当の卜部の後裔であれば、通説で妥当であろう。ウヂをなんでも地名に結びつける見方では、「中臣」が職掌なだけに、問題を見誤るおそれがある。豊前国仲津郡の丁(よぼろ)里の戸籍（「正倉院文書」）に中臣部の人が黒麻呂等数名（女性が多い）いる程度では、上記仲津郡を中臣氏の原郷とするには根拠が弱い。中臣氏族及び関連諸氏の分布が豊の地域に見られないうえに、北九州でも筑前には分布が更に濃い地域もある。ウヂの名が定まらない段階で、中臣氏の当初の本宗的な存在が臣姓（的な性格）を持っていたとしても（現実に臣姓の中臣氏一族諸氏もいくつかあるが、そうだとしても）、卜部後裔の中臣氏の存在があり、しかもそれがこの氏族の本宗になるのだから、太田博士のような見方は疑問が大きい。

ところで、卜部姓については、雷大臣の時（仲哀天皇・神功皇后時代に活動と『書紀』に見える）に授けられたとする所伝が『尊卑分脈』に見える。この時期は、物部・大伴、あるいは忌部などの諸氏のウヂの名が定まった時期に比べてやや遅すぎる。これら諸氏とほぼ同時期だとすると、四世紀中葉頃の垂仁・景行朝頃にウヂの名（この時点では占部か）が定まったものか。『伊勢国風土記』逸文とされる安佐賀社の記事には、垂仁天皇頃のときに倭姫命が中臣の大鹿島命や忌部の玉櫛命らを派遣して阿佐賀山（三重県松坂市西北部の山地）の悪神の荒ぶる所業を奏上させたと見える（中臣氏の系図には、大鹿島命の子の臣狭山命と忌部・玉櫛命の娘・弥麻志姫命とが婚して雷大臣命を生んだと見える）。これがどこまで原伝であるかは不明であるが、崇神朝の頃に日本列島の主要部を大和朝廷が押さえ朝廷内の管掌も定められたとしたら、それに応じて伴造諸氏の名前もほぼ決まった可能性があろう。

　ともあれ、次ぎに、卜部が連の姓を帯びたときに、氏の名も中臣にした可能性があり、その時期が何時かという問題となる。諸氏に対して臣・連などのカバネが賜与されたことは、記紀等の史料には見えないから、諸豪族の系譜に拠りその時期を探ると、所伝が一定ではなく、「丹比柴垣朝」（反正天皇朝のこと。出雲臣、額田部連、丹比連）とするほか、仁徳朝（津守連、土師連）、允恭朝（伊福部臣、服部連）などの諸伝があって、時期がマチマチである。鹿島の占部のほうでは、允恭朝に「大連」を賜わるという所伝もある。

　あえて総括してみれば、概ね五世紀前半頃（反正・允恭朝頃）には朝廷の有力諸氏がカバネをもったようである。中臣氏の歴代からそうした時期の人物をさぐると、阿麻毘舎のときに当たる。鈴木真年編の「中臣氏総系」等では、阿麻毘舎に初めて「連公」の文字が付けられ、仁徳朝に賜姓という記事もあって、仁徳朝という時期には疑問があるが、この世代に賜姓というのは妥当であろう（中田憲信編『各家系譜』四条家系譜には仁徳朝に賜姓と見え、鈴木真年編『諸氏家牒』評連の系図には、大小橋命の子に「中臣海毘舎連公」と記し、以下は中臣で三代続ける。仲哀紀には、中臣烏賊津連などカバネを付けた表記が見えるが、これらは追記とみられる）。

中臣弥気連・国連兄弟の台頭

崇仏排仏の論争に絡んでか、物部守屋大連が滅亡した後では、中臣勝海連の族裔らしき者は明示的には史料に見えない。この事件で、もとの中臣本宗家がおおいに衰えて、別系の鎌足の先祖が中臣氏の中心となるという見方が「延喜本系」などを基にして言われる。これは是としてよいが、関連して、太田亮博士は、旧来の中臣氏は滅びて、全く別系の中臣氏（常陸国の多氏族系の仲臣氏）がこれを継いだとみる。しかし、上古・古代を通じて異系の氏から本宗を継承した例はないし、中臣氏には一族が多いから、こうしたことはまずありえない。鎌足関係にいくら常陸関係者とみられるものが多いとしても、無理な推論である。

すこし丁寧に、勝海連被殺の後の動きを見ていこう。勝海連の殺害が用明二年（五八七）のことであり、その三六年後になって、鎌足の一族の活動が見られる。『書紀』推古三一年（六二三）条に、小徳中臣連国が大徳境部臣雄摩侶（おまろ）に次いで征新羅大将軍として見える。新羅が任那（韓地南部の伽耶）を伐ち属国としたため、天皇は新羅討伐の是非を諸臣に問うたとき、国連は新羅討伐を主張し、結局、境部雄摩侶・中臣国を大将軍として、副将軍に河辺臣・物部依網（よさみ）連・平群臣・大伴連ら小徳位にある五名を任じた。この征新羅軍は数万の兵を率いて任那に渡り、新羅を屈服させた、と見える。そこには、武人としての性格が強く出ている。このとき国連は蘇我一族や物部・大伴両氏よりも上位におかれるが、突然出てくる中臣氏としては、地位が高すぎると考えられ、本来の記事では同じ小徳位にある五名の副将軍と同格ではなかろうか（藤原・中臣関係者による潤色の可能性も考えられる）。

この国連は、延喜本系に見える鎌足の叔父の国子に当たることは疑いないから、三十数年、一世代余の期間を経て、中臣氏では、勝海から別の系統に本宗の地位が移った可能性がある。御食子・国子らの父の方子（かたのこ）は、敏達朝に仕えたと伝え、勝海の跡を承けて中臣氏の氏上となった模様であるが、この者については系譜以外の史料には見えない。

国連と共に記事に大将軍と見える境部臣雄摩侶は、蘇我臣一族であった。他の史料に名前が見えない事情で、その実体は学究に把握されていないが、重要な人物である。蘇我一族の御炊朝臣の系譜所伝などから考えると、この「雄摩侶」とは、蘇我雄当臣（おまさ）（倉山田石川麻呂や赤兄等の父であり、出征当時の馬子大臣の長子であって、倉麻呂、善徳、雄正子の名で史料に見える）として知られる人物に当たり、蘇我氏の宗族である。大化前代の人物には、こうした同人が複数の異名で史料に見える例がかなりあることに十分留意される。「大徳」という冠位は、冠位十二階の最高位であり、史料から知られる大徳位の者は、境部雄摩侶のほかは、『続紀』に記事が見える小野妹子（遣隋使の功績）と大伴咋子（くいこ）（大伴氏の長。大化の右大臣長徳や壬申の乱の功臣・吹負らの父、藤原鎌足の外祖父）しかいない。

境部臣氏では摩理勢（まりせ）が有名で、推古崩御後の天皇（大王）として山背大兄王を推して蘇我宗家（推古三四年の馬子没後は蝦夷が継いで大臣となった）と対立したが、雄摩侶はその子ではなく、本宗家の長子（摩理勢にとっては甥）であり、「境部」というのは蘇我臣氏の本姓であった。蘇我氏はよく誤解されがちだが、百済渡来系の氏族ではなかった。

国子の兄で鎌足の父にあたる御食子（みけこ）も、その少し後の『書紀』舒明即位前紀の記事に中臣連弥気（みけ）として見える。推古天皇がその三六年（西暦六二八年）に崩御したとき、大臣蘇我蝦夷の意向を受けて、阿倍麻呂・大伴鯨連らと組んで次期天皇に田村皇子（のちの舒明天皇）を推挙し、阿倍臣と共に山背大兄王の許に派遣されて、事態をうまく収めたとされる。その他の事績については不明であるが、息子の鎌足が「神祇伯」（この当時は神祇関係の長で、「祭官」という職掌の意味か）への就任を固く辞退した事情もあって、父の御食子も生前に同様な職についていたものか。

弥気・国の兄弟は、「延喜本系」などでは、中臣可多能祜（かたのこ）（方子）の子で、欽明朝に中臣氏を賜った常磐の孫とされるが、仮りに常磐の系統が勝海連と別系（近親ではないという意味）だとしたら、どうして台頭してきたのであろうか。その関係での端的な記事はどこにも見えないが、鎌足の家系と本貫地ないし居住地が多少の示唆を与える。

藤原鎌足の肖像が刷られていた旧「貳百圓札」（部分）

大織冠鎌足の栄進

中臣鎌足の出現により、中臣氏ひいては藤原氏が歴史の舞台に急浮上した感じがある。『書紀』によると、鎌足は皇極天皇三年（六四四）に神祇伯（この祭官の当時の職名は不明）の就任を求められたが、これを固辞して摂津国三島の別邸に退いたと見える。祭官は中臣氏の宗業ということであろう。鎌足の父の御食子（及び弟・国子）について、「前事奏官兼祭官」という記事も「延喜本系」のみに見える。これが史実であるなら、「前事奏官」とは後の蔵人ないし秘書役的な存在だったか（延喜本系独自の記事で、大夫ほどの重職とはいえない）。「祭官祭主補任次第」では、御食子の祭官就任が推古元年で在任十六年だという。

鎌足の祭官忌避が、政治の世界に関与する意思の現れともみられるが、これがただちに蘇我氏体制打倒の意志を密かに固めたとみるのは、疑問もある。父祖の代から縁の深い蘇我氏との訣別が何時、行われたのかはよく分からない。鎌足は、擁立すべき皇子を探して、初めは軽皇子（後の孝徳天皇）に、次ぎに中大兄皇子に接近した。また、蘇我一族内部の対立に乗じて、蘇我一門の倉山田麻呂を味方に引き入れて、政治環境を整えていった。

皇極天皇の六年（西暦六四五年）六月、中大兄皇子・倉山田麻呂らと協力して飛鳥板蓋宮の大極殿にて、当時最大の実権者、蘇我入鹿（鞍作臣）を暗殺し、その父の蝦夷大臣（豊浦大臣）を自殺に追いこんだが、これが今「乙巳の変」と呼ばれる政変である。鎌足は入鹿斬殺を自らの手ではくださなかったが、弓矢をもって中大兄皇子を衛ったと伝える（『書紀』『藤氏家伝』）。

「乙巳の変」の図（『国史画帳　大和桜』より）

鎌足はこの事件の最大の功労者とされ、大錦冠の冠位と「内臣」とされたと『書紀』に見えるが、ともに編纂時の追記の可能性もある。内臣は正式な官職ではない（寵臣、権臣くらいの意味か。後に孫の房前などに、「内臣」が見える)。その後、古代国家の様相を一変させるほどの改新政治（「大化の改新」）を推進する中大兄皇子（天智天皇）の側近として、鎌足は活動した。保守派の左大臣の阿倍倉梯麻呂、右大臣の蘇我倉山田石川麻呂と対立した模様で、五年ほどのうちに彼らは薨去、あるいは失脚となる。次の右大臣の大伴長徳（馬飼）は、鎌足からすれば母方の伯父となる。鎌足の祖系について、伝えられる歴代各々の通婚先たる母方氏族で見ると、この大伴氏がもっとも勢威のあった氏族であり、あとは久米氏族系の山部連とか、物部連支族の狭井連や物部尋来津首、葛城臣支族の塩屋連とかいう程度の諸氏であるから、鎌足の父の代までは中臣氏は二流豪族の位置づけとされてよい。

鎌足の冠位（当時の官位の目安）は乙巳事変後、急上昇して、大化三年（六四七）の新冠位十三階の制度のもとでは先ず大錦冠を授与され、白雉五年（六五四）頃には大紫冠に昇格した（この五年前には大伴長徳が大紫位・右大臣に就任）。天智天皇八年（六六九）の鎌足の病気が重くなって、天智天皇から大織冠を授けられ、「藤原」の姓を賜り、その後まもなく死去した。享年は五六歳という。

鎌足には「内大臣」という表記も見えるが、死去直前に「大臣位の授与」といっても疑問な感じもあり、「藤原の姓」も、この時は個人の称号的なものだったか（左大臣橘諸兄の母の県犬養宿祢三千代〔不比等後妻、光明皇后の母〕が「橘大夫人」の称号を追贈されたのとほぼ同例か）。天武朝の八色の姓の制定時（六八四）には中臣連氏が朝臣姓を賜っており、「藤原連」という姓氏では見えない。その後、まもなく中臣朝臣氏の全三門（一門の不比等、二門の臣麻呂、三門の大島）が各々藤原（葛原）朝臣姓で見えるから、このとき「藤原」がいったん中臣氏全三門の氏の名前になったとみられる。なお、鎌足の業績として、『藤氏家伝上』には近江令の編纂を命じられたと記されるが、これを疑問視する研究者も多い。

鎌足についての『書紀』等の記事は多少割り引いて考える必要もあろうが、それでも、大織冠は、上記の冠位制度が四〇年弱続いたなかで冠位の最上位であり、史上では藤原鎌足だけが授かった。他には、斉明天皇七年（六六一）に帰国して百済の王位に就こうとする百済王子の豊璋に織冠（大織とも小織とも見えない）を授けたとの記事があるくらいである。当時の他の大臣では、大繍の巨勢徳多が最高位であった。こうした鎌足の実績と諸事情が、それ以降の中臣氏を大臣家の位置づけにさせたものである。

鎌足が当初娶った妻は上毛野君一族の車持君国子君の娘・与志古娘で、中下流の豪族の出にすぎないから（定恵の誕生に関連して天皇からの下賜説もあるが、疑問）、この通婚は従来の中臣氏の地位を反映したものであろう。この女性は長男の僧侶・定恵（貞恵。俗名は真人）、次男の不比等を生み、また中納言中臣朝臣意美麻呂の妻となり東人・安比等の母となった斗売娘を生んだ。後に王族の鏡王女（額田女王の姉）を妻として中大兄皇子から与えられ、その間に氷上娘・五百重娘（ともに天武天皇夫人）を生んだ。五百重娘のほうは、天武天皇夫人として新田部親王を生んだが、後に異母兄の不比等と通じ、一に四男の藤原麻呂（藤原京家の祖）の母ともいう（別伝では、大納言紀大人の娘が麻呂の母）。ほかの娘では、大友皇子（弘文天皇）の夫人で壹志姫王の母となった耳面刀自や（母は阿倍臣の娘かという）もいる。こうした鎌足及び娘たちの通婚事情は、鎌足家族の地位上昇を端的に示している。

なお、鎌足の兄弟は八人以上いたとみられ、鎌足の字が「仲郎」だから長兄がいたはずである（夭折したかで名は不明）。兄弟には、中臣系図に見える久多・垂目のほか、『書紀』の大化年間の記事に名が見える正月（東国の国司）、押熊（遣新羅使）が推される。

鎌足の墓の発掘

鎌足は天智天皇八年（六六九）に享年五六歳で死去して、山背国宇治郡小野郷の山階寺（興福寺の前身）で殯りをされた。その遺骨を摂津国島下郡の阿威山（大阪府の茨木市・高槻市にまたがる標高二一四メートルの阿武山）に葬ったとされる。これが当初の埋葬であって、同九年閏九月には子の定恵が遺骨を大和国十市郡の倉橋山の田身嶺（多武峰）に改葬したとも伝える（次の鎌足墓との関係からいうと、一部改葬だったか）。

鎌足が祭官就任を固辞して摂津国三島の別邸に退いたという所伝も先に見たから、三島は縁由の地であった。茨木市西安威には、追手門学院に隣接して、鎌足古廟（旧墓）の跡という大織冠神社も現在ある。

しかも、中臣氏族で有力な支流の平岡連の一族も、三島郡（後

談山神社（旧多武峰寺）の十三重塔。鎌足の遺骨を埋納して建立されたと伝える（桜井市多武峰）

に島上・島下両郡）に居住しており、島下郡阿威郷（安威郷）には中臣藍連という支族も居て、式内社の阿為神社（いま祭神に天児屋根命等をあげる）を氏神として奉斎した。中臣藍連氏は、戦国末期まで長く続いており、鎌倉・室町幕府の奉行人の安威氏は後裔とみられる。島下郡の宿久山には式内社の須久久神社（茨木市宿久庄）があって、その祭神も天児屋根命とされる。由緒書きでは、鎌倉時代の『神宮雑例集』に、右大臣大中臣清麻呂が引退して摂津国島下郡寿久郷に住み、奈良の春日神社を寿久山に奉遷したという（真偽不明）。

昭和九年（一九三二）春、安威の阿武山の山頂付近で終末期の古墳（七世紀代頃の円墳状で直径約八〇メートル）がみつかり、「**阿武山古墳**」と呼ばれる。同墳からは、乾漆製寝棺に納められた「金糸をまとった貴人」の遺骸が発見され、当時もこれが鎌足ではないかと報道された。それから半世紀たった昭和六二年（一九八七）に、この当時に遺骸を撮影したX線の写真原版が見つかり、画像分析の結果、鎌足の死因とされる落馬を物語る背骨と肋骨の骨折の跡や、大織冠とおぼしき冠の金糸や玉枕などが写ることが分かり、六〇歳未満の男性人骨ということで、これが鎌足の墓だとほぼ定説になっている（『蘇った古代の木乃伊』牟田口章人氏の記事など）。上記の鎌足古

大織冠神社。「鎌足古廟」と伝える（茨木市西安威二丁目）

廟からは、東北約二キロの地にある。

もう少し附記すると、鎌足には弓の名手といわれ、入鹿殺害のときに弓矢をもって備えたことは先に述べたが、『多武峰縁起絵巻』にもその絵が見える。上記の写真原版からは肩や肘を使いすぎた感じもある（遺体の左肱の関節に変形症状が出る）とされるから、弓矢の影響であろう。これは、狩猟を生業とした山祇族末流にふさわしく、大伴氏一族にも弓関係の達人が出ている。頭髪から砒素（ひそ）の検出もあり、不老長寿の仙薬服用もいわれる。ただ、阿武山古墳の付近で出土の須恵器は七世紀前半のものともいわれ、鎌足の時代より若干早いとの見方もあるが（そこで、『藤氏家伝』の記述に拠り、鎌足の墓は京都市山科のどこかという説もあるが、直木孝次郎氏は「山科精舎」は信じがたいとする）、阿武山古墳でよいと考えられる。

なお、鎌足古廟の南側山頂には将軍山古墳という竪穴式石室をもつ古墳時代前期頃（四世紀後半か）の前方後円墳もあった。宅地造成のため破壊されたものを復元して現地に移されており、こちらは、当地に在った穂積臣氏（物部連の本宗的存在）の古墳とみられる。

鎌足の祖系

鎌足の活動等の基盤となる祖系を考えてみる。鎌足には、その家系や出自等で様々な伝えがある。鎌足が鹿島の生まれとする『大鏡』や『多武峰（とうのみね）縁起』の或説の記事も、鎌足の先祖が鹿島に居たことを、数百年後になって鎌足自身が鹿島出身だと取り違えたか、その訛伝したものとみられる（田村円澄氏の唱える鹿島出身説には大きな疑問があり、鎌足ないし祖系が鹿島の卜部から立身したという説も同様に疑問である）。

鎌足は、上記の父・叔父の活動から見ても、大和の生まれとするのが妥当である。天智天皇から死亡間近な時期に賜った「藤原」の氏の名がその生地「藤原之第(てい)」（『藤氏家伝上』）、すなわち高市郡藤原（奈良県橿原市域）の地名に因るという説は説得力が強い。これが、のちの藤原京の附近の地であって、天の香具山の西方近隣から南の明日香村小原(おおはら)辺りまで延びる地域とされる。この地はかなり広がりがあった模様であり、「大原」とも呼ばれた（『大日本地名辞書』には、大原が藤原の別称と記される）。

藤原氏の氏寺・興福寺の前身の厩坂(うまやさか)寺が一時期、藤原京近隣（飛鳥に近い橿原市石川町の地かとみられている）にあった。鎌足の娘で天武天皇の夫人となった五百重娘(いおえのいらつめ)は、大原大刀自とも呼ばれた（『万葉集』巻八―一四六、藤原夫人歌一首）。鎌足の長子の定恵（貞恵）が死亡したのも大原であり（『貞恵伝』）、不比等の長子の武智麻呂が生まれた場所も「大原之第(てい)」と見える（『藤氏家伝下』）。だから「藤原、大原」が鎌足の近親一族が居住した地として認められる。井上辰雄氏も、香具山周辺に中臣連の本拠を考えている。

藤原宮跡から望む。手前に天香具山、後方に竜門山塊。大原は藤原の別称か。

この藤原の地が鎌足の家系、すなわち曾祖父の常磐以降の本拠居住地だとしたら、蘇我氏本宗の本拠地域に近隣する。蘇我氏と鎌足祖系とのつながりを示すものは管見に入っていないが、排仏派の中臣氏本宗が衰退して、これに替わって蘇我氏と縁の深い鎌足の先祖が登用され、中臣氏の本宗家的な存在になったと示唆される。こうした背景があれば、新羅征討や舒明即位のときに中臣氏が蘇我氏家長の意向を汲んだ行動をとったのも肯ける。

中臣氏の祖系については、明治期の鈴木真年（従来の本宗と一系でつながるとみる）や昭和の太田亮博士（常陸の多氏族系の仲臣の出だとみる）も見誤ったほどの難しい問題である。ここまでの検討でも結論を出しにくいので、更に別の面からも検討を加えることとし、ここでは、藤原付近に中臣氏祖神を山頂に祀る香具山があることに留意して、先に進みたい。

四　中臣氏及び藤原氏の大躍進

近江朝廷の右大臣中臣金

鎌足没後では、中臣氏の族長的な存在であった中臣金連（三門、糠手子の子で、鎌足の従弟）は近江朝廷での右大臣にもなり、その後には鎌足の子の不比等や、鎌足の外孫的な位置にあった大中臣清麻呂が、ともに右大臣に昇ったが、その基礎を、乙巳の変以降の鎌足の功績が築いたといえよう。

金連は、鎌足没後の天智九年（六七〇）に山御井の傍らで神々を祀ったとき祝詞を宣した。翌十年には天皇の命により神事を統べ、大錦上を授かり、政治も兼ねて左大臣蘇我赤兄に次ぐ高位の小紫右大臣として、近江大津宮の大友皇子を中核的に支えた。その敗戦で捕らえられ斬首されており、上位の蘇我赤兄が子孫とともに配流（配流地は不明）されたのに比べ、重い処罰であった。

金の子は配流されており、その後の数代の名前を伝えるものもあるが、世には顕れない。房総の伝説では、金の一子の英勝は、大友皇子の妃・耳面刀自媛の従者として、鎌足の故地という鹿島を目指し九十九里浜に上陸したが、媛が亡くなりその御霊を弔いながらこの地で一生を終えたといい、匝瑳市や旭市には媛や英勝の墓とされる古墳があるが、もちろん史実ではなく、英勝という名も後世的である。

この三門の系統からは甥の大島が神祇伯、中納言になり、子孫に平安前期の神祇伯逸志（いちし）なども出た（その後は大中臣朝臣となったものの、衰滅したか、子孫で長く続いた系統は知られない）。

大化前代は中級豪族にすぎなかった中臣氏一族から出た金連が蘇我氏とならんで大臣に任じ、巨勢・阿倍・大伴ら諸氏の上に位置したことは、鎌足の功業に加え、その推薦もあったのであろうが、中臣氏全体の地位上昇を示すものである。

藤原不比等と藤原四家の分立

鎌足が賜った「藤原姓」は、当初は割合広い範囲で使われ、鎌足の子女ばかりではなく、中臣氏一族にあっても、フヂハラ（藤原、葛原）の名乗りが見られる。例えば、中臣氏二門の葛原朝臣意美麻呂（おみまろ）（臣麻呂）、三門の藤原（葛原）朝臣大島（下記糠手子の孫）などの例があげられる（祭事奉仕のときは、中臣朝臣で記され、氏の名が使い分けられた事情もある）。

それが、文武二年（六九八）八月の文武天皇の詔により、藤原姓は鎌足・不比等の直系子孫に限定されることになり、意美麻呂などの他の中臣氏一族（不比等の従兄弟、再従兄弟とそれらの子孫）は神事奉仕ということで、旧来の中臣朝臣姓に復することになった。これにより中臣氏の神代以来の伝統が守られたが、不比等が父鎌足の功績を独占し、祭祀関係氏族という守旧的な制約からの解放を望んで、この詔をくださせたと一般に解されている（藤森馨氏など）。不比等一家は、この詔によって神事奉斎の伴造氏族から国政に参与する議定官氏族への転換（新しい大臣氏族への脱皮）をとげたのである（高島正人氏など）。

これより先、鎌足の祖父・方子（かたのこ）の三子、御食子・国子・糠手子（ぬかてこ）の兄弟から中臣氏が三門に分立して、各々の子孫の流れが中臣氏に生じた。これは、伊勢神宮の度会神主が四門、荒木田神主が二門に分立したのと同じ傾向である。

ところで、鎌足の子の不比等は、山背国山階の田辺史大隅の家で育てられたことで、名をフヒト（「史」とも書く）というとされる。壬申の乱の時には、大隅の弟とみられる田辺小隅が近江朝廷方にあったが、不比等のほうは十三歳と若年であり何の関与もせず、この影響は殆どなかったようである（上田正昭氏は、当初の官位昇進に影響したかとみる）。持統三年（六八九）の判事任官後は順調に栄進して、文武天皇朝には右大臣まで昇り、死後に太政大臣正一位を贈位されて「淡海公」と呼ばれた。不比等やその兄・定恵の皇胤説は史実ではないが、父鎌足の功績と娘二人が天皇の生母となった事情も加えて、藤原氏の地位が固まった。大宝律令の選定や平城京遷都などにあたった不比等の功績も大きいとされる。

不比等の娘・宮子は文武天皇の夫人で聖武天皇の母となり、その妹・光明子（安宿媛）は聖武の皇后（非皇族の人臣皇后の初例）で孝謙・称徳天皇（女帝）の母となって、藤原氏が上級公家として存続する基礎を固めた。以降、乙牟漏（式家良継の娘。桓武皇后で平城・嵯峨両天皇の母）などの皇后（中宮を含む）や天皇生母を多く出す尊貴な家となり、これが戦前の大正天皇まで続いた。この間の皇后は、藤原氏と皇族とが圧倒的多数である（例外は橘嘉智子〔嵯峨天皇の皇后〕、平徳子〔高倉天皇の皇后。清盛の娘で建礼門院〕、源和子〔後水尾天皇の皇后。徳川秀忠の娘で東福門院〕の三例だけ）。

不比等の四男子は揃って栄進して参議以上の顕官で三位以上に昇り、長子の左大臣武智麻呂は藤原南家、次子の内臣参議房前は藤原北家、三子の参議式部卿宇合は藤原式家、四子の参議兵部卿麻呂は藤原京家の祖となった。これ以降、藤原氏は四家が分立して続く。上の男子三人及び道乃媛（従三位大伴古志斐（吹負の孫）の妻）の母は大紫冠蘇我臣連子（石川麻呂の弟で右大臣に任。石川朝臣の祖）の娘であり、宮子の母は賀茂朝臣比売、光明子及び長娥子（左大臣長屋王の妻）の母は正三位県犬養橘宿祢三千代（左大臣橘諸兄や牟漏女王〔藤原房前の妻〕等の母）とされる。

南家武智麻呂の次男仲麻呂は、叔母の光明皇太后などの支援を受け、太保（右大臣）に任ぜられたとき、藤原恵美朝臣を賜って名も押勝と名乗った。さらに皇族以外で初めて大師（太政大臣に当たる官位）従一位まで昇り、一時は権勢を恣にするものの、僧道鏡の処遇をめぐって孝謙上皇（女帝）と対立し、ついには叛乱を起こしたとして失脚し、斬殺された。仲麻呂を支えた一つが正室の宇比良古（袁比良）で、尚蔵兼尚侍・正三位の地位にあったが、その先立つ死が仲麻呂の失脚を早めたともいう。北家房前の娘（真先の生母。宇比良古の姉は仲麻呂の兄・豊成の妻）であり、その弟の参議御楯も仲麻呂の女婿で腹心であったが、仲麻呂失脚の直前に死去した。仲麻呂の妻には大伴宿祢犬養（御行の孫）の娘もいた。

仲麻呂の後には**藤原式家**の良継が内臣となって権勢を握り、その兄弟の百川が桓武天皇登場の舞台をこしらえ、乙牟婁（桓武皇后、平城・嵯峨の母）などの后妃も出した。それが、薬子の乱等の事情があって、左大臣緒嗣（式家百川と伊勢朝臣大津の娘との間の子）も出たものの、その死後は式家が政治の中枢にはならず、儒家などの中・下級官人として続いた。結局、藤原北家の流れが藤氏長者として続く。嵯峨天皇のときに蔵人頭となって左大臣まで昇った冬嗣（房前の子の大納言真楯の孫）、その子で清和天皇の外戚として摂政に任じた良房の系統一族が歴代、栄進を重ねて藤原朝臣氏の主流となり、後の摂関家として明治まで続いた（この辺の経緯は省略。武家でも藤原姓を称した氏が多いが、その殆どが系譜仮冒に留意）。

藤原京家は、家祖・麻呂の子で唯一参議に昇った浜成が、氷上川継の乱に連座し流罪になって一族全体の政治生命が絶たれ、終始振るわなかった。それでも浜成の孫には、儒学者として名高く長寿で大納言まで昇った豊緒（とよお）が出た。浜成の子の従四位上・神祇伯の大継は、娘の河子が桓武天皇の宮人となり仲野親王を生んだが、これが宇多天皇の外祖父（娘・班子女王の所生）であるから、現天皇家まで血脈が及んでいる。京家の男系後裔は絶えたようで、越後の直江氏がその末裔とも称したが、系譜仮冒である（当地古族で神人部姓か）。

藤原氏にはその系譜書「**藤氏氏文**」が伝えられ、そのことが右大臣藤原宗忠による記事（『中右記』嘉承二年（一一〇七）十二月十九日条）で分かる。堀河天皇の死去後に見た夢の中の話しの記事ではあるが、天皇の文書沙汰の場所に侍って「藤氏氏文」の言及がある。

藤原氏では、毎年正月の叙位の際に、王氏および源氏・橘氏と共に、五位の官位（これ以上が公卿の資格）に氏人を推挙する叙爵の恩典をもっており（これを「氏爵」という）、氏長者が「南・北・式・京」の藤原氏四門から推挙した（『西宮記』正月叙位議）。『朝野群載』巻四、朝議上に見える康和三年（一一〇一）の藤原守信の式家叙爵分の申文では、今春の氏爵は「式家の巡」にあたるとして、不比等の子の式家祖・宇合、その男・清成（これを第三世と数える）以降、十二世になる守信自身までの歴代の直系系譜（各々の極官なども記載）を列挙する。この守信申文の記事が官職等を含め『尊卑分脈』の記載と基本的に合致する。南北朝期頃に成立の『尊卑分脈』の記載には、この系統の末尾は守信まであげられる。

このほか、藤原式家の庶流として、宇合の孫の長枝が能原（よしはら）宿祢姓、宇合の曾孫の湯守が井手宿祢という別の姓氏を賜ったが、出自が卑母か本人の素行などの故で藤原一門からの追放に近い扱いか。なお、天武天皇後裔の藤原朝臣も別にあって、参議礼部卿藤原朝臣弟貞（山背王。長屋王の子で、不比等の外孫）が出て、子孫は後に永原朝臣（『姓氏録』左京皇別）となった。

大中臣氏三門の流れ

文武二年の詔をうけて、不比等の流れ以外の中臣氏の人々は、祭祀を主担し、神祇官の主要官職を奈良時代以降、ほぼ独占することになった。その中臣氏で後世まで嫡流となって続いたのが、二門の国子の流れである。その前に近江朝の右大臣金連、持統朝の中納言大島（金連の甥）が三門から出て朝廷の高官にあり、一門からも鎌足の弟の垂目の孫、人足が神祇伯となり、その弟の名代も遣唐副使を経て神祇伯となった。名代の子の鷹主も遣唐大使を経て神祇大副となっている。二門系統が中臣氏のなかで次第に有勢となったのは、鎌足の女婿となった意美麻呂の存在も大きかったのであろう。

二門の国子の子の国足は、添下郡に法光寺（中臣寺。「大和志料」では高市郡に所在）を中臣氏の氏寺として建立し、子の意美麻呂は、大島没後の慶雲二年（七〇五）に左大弁、和銅元年（七〇八）に神祇伯兼中納言に任じて、その三年後に兼任のまま卒した。意美麻呂は鎌足の娘との間に長子の神祇伯東人らを生み、大納言紀麻呂の妹との間に神祇伯広見らを、左大臣多治比真人島の娘との間に右大臣清麻呂を生んだが、その通婚先がみな顕族であった。東人の七男が万葉歌人で狭野茅上娘子との恋愛で有名な中臣朝臣宅守であり、神祇大副に任じている（天平宝字八年〔七六四〕の藤原仲麻呂の乱により除名と系図に見える）。

清麻呂は神護景雲二年（七六八）に中納言に任ぜられ、翌・同三年（七六九）六月には大中臣朝臣の姓を許され（賜姓は、清麻呂の子息にも及んだが、初めはこの範囲に限定）、光仁天皇に信頼され右大臣に任じて、廟堂の首座となった。とはいえ、政治の実権・主導は内臣藤原良継（式家宇合の子）らにあった。清麻呂の官位は正二位まで達している。

大中臣氏の範囲もその後、拡大されており、六国史や「延喜本系」等によると、延暦十六年・十七年の二度にわたり、中臣朝臣姓の宅成（二門）・鷹主・船長（ともに一門）など合計八五人（これは戸主の人数とみられ、「延喜本系」には合計が「五百十五人」と記載）が大中臣の氏を賜った。その後も、貞観四年に坂田麻呂（一門）に対して大中臣を賜わり、元慶元年（八七七）には神祇伯中臣朝臣逸志（三門）の子の伊度人ら十九人が大中臣を賜った。結局、大中臣朝臣姓は三門の全てに及んだが、この全体を統括する氏長者がいて、その族的統合は神祇祭祀を通じて強固なものであった。

大中臣氏の氏人は、平安期では祭祀関係の職のほか、諸国の国司や諸官の司としても若干見えるが、次第に祭祀関係に特化していった。陰陽寮の中には六位クラスの官人として大中臣氏出身のもいたが、鎌倉時代の後期には姿を消した（後述）。中世の地方武家には大中臣朝臣姓を称したものも、美濃や和泉などで若干見られるが、これらは殆どが冒姓か中臣氏族の諸氏の出だとみられるので、後ろで多少取り上げることとする。

このほか、系譜不明ながら中臣朝臣の一族で惟岳（これおか）宿祢姓を賜った者もいた。『三代実録』貞観二年（八六〇）九月条の記事によると、右京人従八位上中臣朝臣福成に対して惟岳宿祢姓を賜与し右京九条に還付した。去る斉衡三年（八五六）に中臣の氏人が福成は同族ではないと官に申請して籍帳から削り、福成は姓を失ったので、その申請に拠るものだという。「延喜本系」には福成など二五烟を除籍したことが見えるが、さらに貞観三年（八六一）には大中臣・中臣両氏の絶戸や無身戸の左右京の百三十七戸も籍帳から削除したり、同六年には右京無貫の大中臣朝臣豊御気(とよみけ)らを保証して本属に復貫させたりしている。

伊勢祭主家の成立

上記の諸経緯に見るように、清麻呂の子孫が中臣氏の嫡流となって永く続いた。その子の子老(こおゆ)及び諸魚(もろお)はともに参議・神祇伯となり、この頃には中臣氏のなかでも他の家門とは大きな差異がついていた。諸魚の娘の百子は平城天皇の御息所となり、その従兄の淵魚(ふちな)（清麻呂の孫で、継麿の子）は九世紀前半に伊勢大神宮祭主、神祇伯となり（祭主の文献上初見）、その子に安子（淳和天皇宮人、良貞親王母）及び美濃雄（気比神宮司）がいる。

その後の大中臣氏嫡流は、清麻呂六男の大判事従五位下の今麿の流れから出ている。今麿の四世孫の祭主神祇大副の頼基は、歌人で、『本朝世紀』天慶八年（九四五）条に大副転任が見え、この子孫が歴代、祭主（神祇官の対伊勢神宮専当官の職掌）や神祇伯・大副を多くつとめた。頼基の子が能宣であり、正四位下で祭主・神祇大副となり、村上天皇の時に「梨壺の五人」のなかに選ばれ、『後撰和歌集』の撰者などで歌人としても名高い。その子の輔親(すけちか)は祭主で正三位神祇伯となり、その娘に歌人・伊勢大輔(いせのたいふ)（道長の娘・上東門院彰子に仕え、後に高階成順に嫁し、康資王母〔四条宮筑前〕などの歌人を生んだ）がいる。

この二門系統が先祖の清麻呂にまつわる祟りの伝説を造りあげて、これを、大中臣氏他門を排除して自家の神祇官職の確保に利用していった。鎌倉初期に没した祭主正三位親隆（輔親の五世孫）以降では、その後裔のみが祭主を独占する。この祭主家の成立は、平安末期の平氏政権下であり、その頃に大中臣氏と共に中世の神祇官を領導する神祇伯の白川伯王家（花山源氏）も成立している（以上の記事は主に藤森馨氏に拠る）。

親隆の流れの家が大中臣氏の宗家となり、室町前期の応永頃まで伊勢の度会郡岩出に居たことで岩出を名乗り、後に**藤波家**として堂上家（平家）となって、引き続き伊勢祭主及び神祇大副を世襲する。江戸時代になって、藤波種忠が勅勘を蒙り、ひとたびは地下人に転落したが、孫の藤波景忠（正二位・神祇大副。一六四七生～一七二七没）の代に再び堂上家に復帰し、明治に至って子爵に列した。

神祇官関係の官位では、平安期に入ると停滞し太政官において参議以上の地位になる者が大中臣氏でも皆無となるが、平安後期頃から三位、二位への昇進者を出すようになった。

祭主職は本来、神祇官人であって、中臣氏の五位以上の者であれば任用の資格を有しており、八世紀中葉の益人（一門。清麻呂の前後に祭主）、九世紀中葉の稗守や逸志（ともに三門）を含め、広く一門や三門にも祭主補任の道は開かれていたが、鎌倉前期には二門出身者の補任という先例が確立した（藤森馨氏「清麻呂流大中臣祭主家の成立の背景」）。この祭主の地位は、大中臣氏の氏長者としても認識されていた。意美麻呂が初代とも伝える。

伊勢には、このほか、度会郡継橋郷河辺里に居した一門の一派（神祇伯名代の後裔）があり、居地に因み河辺を号し、鎌倉期以降、伊勢の大宮司を世襲して、明治に至り河辺男爵家となった。大化頃から伊勢神宮の神職の長として、祭主と次位の大神宮司とが置かれた。祭主には当初から中臣氏・大中臣氏の者が任ぜられたが、大神宮司のほうは、孝徳朝の初代宮司、中臣香積連須気以降は大朽連・村山連・大家朝臣・津島朝臣・高良比連・摺宜朝臣・菅生朝臣という諸氏（主に中臣氏族だが、大朽連は系譜不明〔一に伊勢国飯高郡大口邑が発祥というから、麻績連・多気連の同族か〕、摺宜朝臣は物部氏族）

が任じた（『二所太神宮例文』）。ところが、宝亀元年（七七〇）に任じた第十七代宮司、中臣朝臣比登（清麻呂の甥）から後は他姓を任ぜず、大中臣氏が神宮祭主及び大神宮司の職を独占継承した。

河辺家の同族には奈良の春日神社神主家もあって、中東、奥、正真院、西、向井、中、奥田、中西などの社家を出した。これらは大中臣朝臣姓であるが、春日祠官家には、もう一流あって、それが中臣殖栗連姓（後にたんに「中臣朝臣姓」と称）の諸家である（常陸占部関係で後述）。大中臣方（神主方）は野田郷に居し、中臣方（正預方）は高畠郷に居した。

下野国日光の二荒山神社神主家は大中臣清真の後裔といい（『日光山堂社建立旧記』。この系統は実際には中臣朝臣姓か）、この流れからは大森・中丸・中田・瀬尾などの諸氏が出た。

このほか、常陸の鹿島社、下総の香取社、越前の気比社などの宮司・祠官に大中臣朝臣の一族が多く見える。とくに鹿島社の大宮司家や息栖神主の栗林氏、和田祝などでは、清麻呂の後裔とする系図を伝える。

陰陽道・卜占の大中臣氏一族

卜占のほうは後の陰陽道につながり、中臣氏族の**中臣志斐連**氏（左京神別で雷大臣命の後裔）からは、奈良時代の算術の名手で暦算家の志斐連三田次、陰陽道の重要典籍『枢機経』を撰した陰陽允の中臣志斐連猪養も出た。平安前期には陰陽博士兼天文博士志斐連国守、陰陽生志斐人成がおり、中臣志斐連春継・同安善・同広守も天文博士と見え、天文博士や陰陽師を輩出した。陰陽道では、平安期及び鎌倉期には賀茂氏及び安倍氏という二大家（「賀安両家」）のほか、これに次ぐ数で大中臣氏系統でも携わる者が見える。

大中臣氏でも十世紀頃から陰陽道に進出し始め、陰陽允や陰陽博士を出したが、賀茂朝臣氏（三輪君同族）や安倍朝臣氏（皇別）が陰陽道を家職化するにともない、十三世紀中頃以降は急速に退潮した。この系統が大中臣氏のどこから出たかは不明であるが（志斐連後裔か）、諱に「為、倫、盛」が多く見られる。鎌倉期には、それでも賀安両家以外では最も多い四二人が陰陽道の官人で見えており、極位は従五位下、極官は陰陽允であった。このなかで、暦奏の頒暦辛櫃（からひつ）をかつぐ役をつとめている者が複数おり、暦道を家職とする賀茂氏との師弟関係が想定される、と赤沢春彦氏が述べる（『鎌倉期官人陰陽師の研究』）。

ちなみに、賀安両家は十三世紀後半以降、陰陽道の主要官職をほぼ独占したが、それでも中原・大中臣・惟宗・伴・清科（きよしな）の五氏などが陰陽道の官人として見える。このうち、前の三氏は十世紀頃から陰陽道官人を輩出し、賀安両家に先行して代々陰陽道を継承した氏族であったが、後ろの二氏は賀安両家が陰陽道を家職化する十一世紀中頃に進出してくる氏族であった（赤沢氏、上記書）。

なお、卜部氏では亀卜を伝えたが、平安前期の卜部平麻呂を祖とするのが公家の卜部氏であり、『尊

平野神社（京都市北区）

卑分脈』所載の系譜では参議大中臣諸魚の孫、智治麿の子に平麻呂を位置づける。この流れは、平野神社・吉田神社などの社家を世襲し、地位を次第に上昇させて堂上家までなったが、「延喜本系」には系が見えず、実際には伊豆卜部の末流である（後述）。

京都の吉田神社の有力社家に鈴鹿氏があり、亀卜の伝統を伝えた。中世、吉田家の家老をつとめ、三門の近江朝廷右大臣・金連の後裔として中臣姓を称した。今に残る系図では、家祖の吉子連（天平神護二年（七六六）に山城移遷と所伝）と金連との間の二世代ほどが不明で、歴代が具体的につながっておらず、おそらくは金連とは別系の中臣連の出であろう。

幕末から明治初期にかけての**鈴鹿連胤**（第五六代当主）は、著名な国学者で『神社覈録』（古社考証の書）の著があり、勤王志士を庇護することがあって吉田松陰の『留魂録』に「鈴鹿筑石二州」とその名が見える（「筑州」は筑前守連胤、「石州」は子の石見守長存のこと）。天皇陵の荒廃を嘆いて大和や河内の皇陵踏査をし、吉田神社の社殿再建や、春日祭や神嘗祭といった官祭の再興にも尽力した功績があり、慶応二年（一八六六）、鈴鹿家の者としては異例の従三位の位を賜った。連胤は、卜部への改姓を頻繁に行ったが、これは神祇官として亀卜の任を担ったことによる。

五　崇神前代の初期分岐

神武創業における中臣一族の活動

ここで、時代をずーっと古くに遡って、大和朝廷初代とされる神武天皇の創業に関して、中臣氏一族の関与を見てみよう（神武実在性の否定は、合理的な論理性・根拠に欠ける）。氏族の祖にあたる天種子命（たねこ）は、筑前「日向」の地（福岡市西部・糸島市域）あたりから神武東征に付き従ったもので、大和王権成立以前からの数少ない臣下であった。ちなみに、物部氏の先祖は、先に大和に在って、神武が大和入りしたときに宿敵長髄彦を討ち取ったことを手みやげに降服しており、三輪氏の先祖も大和先住で神武方に転じた。倭国造の先祖は播磨灘あたりで神武に従って海上の道案内をしており、大伴氏や紀伊国造の先祖は、先に紀伊国に入っていて紀ノ川河口部の名草郡で神武に従っている。他の伴造諸氏も、先祖の系譜を多少異にしても、紀伊北部辺りで従った八咫烏など鴨県主・葛城国造の一族とか物部氏一族から出たという実態がある。こうした意味で、東征の当初からの随行者の少なさが具体的に如実になるから、実態的に見ても邪馬台国東遷論など考えられない。

さて、『書紀』によると、筑紫国菟狭（うさ）（豊前国宇佐郡。今の大分県宇佐市）に神武の部隊が至ったときに、菟狭国造の祖で菟狭津彦、菟狭津媛という者があり、菟狭の川（駅館川）のほとりに「一柱騰宮」を造って饗応の奉仕をした。この時、菟狭津媛を侍臣・天種子命の妻として娶せたが、この者は中臣氏の遠祖である、と記される。ウサツ彦・ウサツ媛という形の名前の組合せは、夫婦の場合もあるが、ここでは兄妹ということなのであろう。天種子命の活動が見えるのは、記紀ではここだけであるが、その後も神武創業の終わり頃まで健在であった模様であり、例えば、河内の枚岡神社にあっては、同人が神武天皇の勅命を奉じて、国土平定を祈願するため、天児屋根命・比売御神の二神を霊地神津嶽に一大磐境を設けて祀ったのが創祀と伝える。

天種子命の兄弟に位置づけられるのが、伊勢国造の祖・天日別命である。『伊勢国風土記』逸文の伊勢国号条に記事があり、神武行軍が大和に入ったときに、その命により東方の伊勢に行って国神の伊勢津彦らを鎮定し、それを復命して当地を封地とされ、宅地を大和の耳梨村（橿原市の耳梨山付近の地）に賜った、と見える。このとき伊勢から退散した国神について、信濃に鎮座という後人の補記（すなわち、諏訪に鎮座の建御名方命という宣長説）もあるが、これは誤解である。この神が武刺・相武（武蔵・相模）など諸国造の祖、神伊勢都彦命であることが「国造本紀」相武国造条から分かる。太田亮博士もいうように、天孫系の天穂日命系統の神であった（その系譜は出雲国造や物部連の同族で、おそらく饒速日命（櫛玉命）の子か。風土記逸文には、出雲神の子で、出雲建子命、またの名を伊勢都彦命、櫛玉命と見えるが、同記事には若干の混同もある）。

天日別命の系譜については、上記の風土記記事に「天御中主尊の十二世孫」とあり、「国造本紀」伊勢国造条には、「橿原朝。天降る天牟久怒命の孫、天日鷲命が国造に定め賜る」と見える。天牟久怒命とは、一般の中臣氏系図において天種子命の父とされる天忍雲根命（天村雲命）のことであり、

「日鷲」は「日別（ヒワキ、ヒワケ）」の転訛ないし誤伝とみられる。忌部や弓削部の祖神の天日鷲翔矢命（実体は少彦名神）とは別人であることに注意したい。天御中主尊は、国常立神と同神ともされ、中臣氏族や大伴氏族・紀伊国造などが大始祖神とあおぐが、もちろん抽象神である（参考までに言うと、神統譜の世代計算上では、天児屋根命が同九世孫、天種子命・天日別命兄弟が同十二世孫となる。これら神統譜は後述）。

伊勢国造とその一族後裔

天日別命の後裔が伊勢国造であり、当初は伊勢直、後に中臣伊勢連（天平十九年に賜姓）、さらに中臣伊勢朝臣（天平宝字八年に賜姓）、あるいは伊勢朝臣（天平神護二年に賜姓）などの姓氏を賜った。『姓氏録』では、左京神別に伊勢朝臣があげられ、「天底立命の孫の天日別命の後」と記される（天底立命は津速産霊命あたりに相当か。「孫」は後裔の意味か）。

風土記逸文の安佐賀社条には、倭姫命のときに、中臣の大鹿島命・伊勢の大若子命・忌部の玉櫛命を派遣して安佐賀山の神の乱暴行為を奏上させたと見える。この伊勢の大若子命の先祖が天日別命と記される。大若子命と同時代の人で、『皇太神宮儀式帳』等に見える建夷方命（武日丹方命）は天日別命の五世孫と伝え、大若子命と同人か近親であろう。

伊勢国造の本拠地は三重・鈴鹿・河曲郡あたりで、そこから北方にかけての伊勢北部に領域があった模様であり、桑名郡には式内社の中臣神社（桑名市本町に鎮座の桑名宗社のうちの中臣神社に比定。天日別命を祀る）がある。多気郡には式内社の天香山神社もあった。

平安前期には、正四位上木工頭、伊勢朝臣老人の娘・継子は、平城天皇の妃となり、皇太子の高岳親王（薬子の変で廃太子となり、後に唐に入り、さらに越南の先で死去という）や巨勢親王、大原内親王（伊勢斎宮）など二男三女を生んで、弘仁三年（八一二）に卒去した。後に従三位を追贈されている。平安中期の長徳二年（九九六）十月には、伊勢国三重郡大領として中臣伊勢常海が『小右記』に見え、十一世紀末の康和元年（一〇九九）には三重郡司少領として中臣伊勢宿祢（欠名。名は良平か）が見える（『平安遺文』四巻一四一六）。

河曲郡中跡郷から起った中跡直（「天神本紀」に見。後に連を賜姓）も伊勢国造一族である。式内社の奈加等神社（鈴鹿市一宮町。雄略朝に伊勢国造高雄束命が創祀という）を奉斎した。同社は、祖神としての天椹野命（上記の天牟久怒命）などを祀り、境内社として神明春日社に天児屋根命を合祀する。『旧事本紀』の天神本紀では、天椹野命（中跡直等祖と記）、天牟良雲命（度会神主等祖と記）や天児屋命が物部祖神の饒速日命に随行して天降りした神三十二人のなかに入れられるが、この記事は大孫降臨伝承で随行の神々とも混同するなど、多くの混乱・重複がある。上記の大若子命の後裔と称したのが、伊勢神宮外宮祠官の度会神主氏であるが、これは系譜仮冒で、実態は海神族の丹波国造一族の出であった。

後年の平安後期以降では、伊勢国造後裔は殆ど見えないが、これはこの一族が他姓を仮冒した事情にあるとみられる。太田亮博士も言うように、伊勢平氏といわれる諸氏のなかに多く混淆した模様であり、室町幕府の政所執事をつとめて頗る勢威のあった伊勢氏（平正度の子の季衡流と『尊卑分脈』に記載）や伊勢新九郎こと早雲庵宗瑞の家（戦国大名の小田原北条氏）も、その実、桓武平氏の出自ではなかったと考えられる。

伊勢には河曲郡等に大鹿島命の後とする**大鹿首**（録・右京未定雑姓）も居た。大鹿首小熊の娘・菟名子（小熊子郎女）は采女から召されて、敏達天皇の皇女二人を生み、そのうち糠手姫皇女（宝王）は兄の彦人大兄皇子の妃となって舒明天皇を生んだ。後に、一族からは大鹿臣、大鹿宿祢も出た。伊勢の豪族に見える大鹿、相可氏はこれらの後裔という。

橿原の宮都選定と卜占

伊勢国造の祖・天日別命の賜った居地が、大和の耳梨山付近の地というのも興味深い（ここに子孫が残ったとしたら、大化五年に蘇我山田大臣に連座して殺された「耳梨道徳」につながるか）。耳梨山（耳成山）の山腹には式内社の耳成山口神社があって、高皇産霊尊及び大山祇神を祀っており、これは山祇族出の中臣氏にふさわしい。兄弟の天種子命のほうはその東南近隣の香具山周辺に在った模様であり、大和王権の成立とともに、共に王権のお膝元、橿原近隣の地に居を構えた可能性を窺わせる。ちなみに、忌部の本拠は、香具山の西北西、畝傍山の北西にあたる橿原市忌部町一帯とみられ、玉作りの大規模な工房跡が曽我遺跡に残る。

ところで、対馬在住の古代史研究者、永留久恵氏は、星宮恵一氏の見解（「測景台と益田の岩船」、『東アジアの古

藤原宮跡より見る耳成山

代文化』二八号、一九八一年）を踏まえて、橿原の宮都について興味深い指摘をする。少し長くなるが、その記事の要旨を引用すると次の通りとなろう。

①『周書』には、成王が都の洛陽を建設する際、その地を卜により定めたと見えるが、中国中原の古都（殷の商丘・偃師・鄭州・安陽、周の洛陽・鎬京、秦の咸陽、漢の長安）がいずれもほぼ同一の緯度（およそ北緯三四度半）の線上にあり（星宮恵一氏の見方）、この線を東の日本列島まで延長して見た場合には、線上に日本の古代王朝の発祥地たる河内・南大和があり、線の両端に卜部らの本国の対馬と伊豆がある。

〔これに対する拙見・説明〕南大和の橿原は妥当だが、河内の古市古墳群は宮都ではないし、南に寄りすぎるので、河内を除くほうがよい。対馬は上島を通るが、伊豆では伊豆半島の先端をかすめて新島あたりを線が通る形で、これもやや疑問であり、伊豆の亀卜は対馬よりも少し遅れるから、伊豆除外のほうが妥当。なお、北緯三四度三二分を「太陽の道」として捉え、箸墓古墳―巻向山―伊勢斎宮跡などが線上にあるとして注目する見方（小川光三氏『大和の原像』）もある。

②神武朝の橿原奠都（てんと）には王都を卜定した記事がないが、橿原の地がほぼ北緯三四度半で奇しくも中国の上記古都と同一線上にあり、神武の配下にも当然卜者はいたはずで、神武東遷の出発地「日向」は日向国ではなく、北部九州でなければならない。

〔拙見・説明〕「日向」にあたる北部九州の糸島市・福岡市西部あたりは北緯三三度半ほどであるが、結論的にはOK。なお、永留氏の用いた語「奠都」は、新しく都を定めるという意味。

③中国第一の聖山・嵩山（すうざん）と、対馬の聖山・御獄（みたけ）、大和の聖山・三輪山がほぼ同じ緯度で並び、その線上に伊勢の大神があり、最果ての海上に伊豆卜部の神々が鎮まる。

〔拙見・説明〕対馬の聖山御嶽は北緯三四度二七分で妥当だが、大和の聖山は三輪山よりも橿原宮に近い畝傍山（北緯三四度二九分）、香久山（北緯三四度三〇分弱）のほうが妥当と思われる。伊勢神宮の内宮は北緯三四度二七分で指摘通り。嵩山という山の名は日本にもいくつかあり（島根県松江市や周防大島等）、木曽の御嶽山などの御嶽・御岳・岳山にも通じる。中国では嵩山は、古代から山岳信仰の場として有名で、少林寺などの道教の道場が建立。沖縄でも、御嶽〔うたき〕は琉球の信仰における祭祀施設。木曽及び武蔵の御獄神社は大己貴命・少彦名命を祭神とする。

④　緯度が同じということは、四季節分の太陽や星の運行が同じで、天測の術があれば容易に測定できる。

以上の諸事情から結論的なものとして、神武東遷の到達地を大和橿原と選定したことについて、星宮氏は中国からの渡来人を想定したが、永留氏は、陰陽五行説の教養を身に着けた卜人を考え、その卜の方法とは鹿卜ではなく、亀卜だと思うと記している。

これらの見解に対して、拙見では、神武東遷の到達地の大和橿原選定にあって卜占も踏まえて定めた可能性はありうるとみる。卜占の方法は、対馬・壱岐が神武東征に無関係だから、亀卜よりも、わが国古来の鹿卜とみられ、その場合、香具山の鹿・ハハカ（桜樹）により中臣一族により行われたものか（『古語拾遺』には忌部の祖・天富命が神武に仕えたというが、忌部が祈祷・呪術や神璽・幣帛の献上を行っても、卜占そのものに直接関与したとは管見に入っていない。同書の孝徳朝の作賀斯（さかし）も、神官頭として卜筮を一般的に管轄したとみられる）。

こうして中臣氏の先祖の動向を含めて見ていくと、大和王権の初代神武による橿原奠都や先立つ東征を史実として否定できないと分かる。緯度的に見ても、古代中国の古例に則ったのなら、桜井市の纏向遺跡よりも橿原辺りの地のほうが初代天皇の宮都に妥当する（天皇家の祭祀とは無関係な三輪山よりも、大和王権初期の聖山ではむしろ畝傍山のほうを重視すべき）。

かつて私は『「神武東征」の原像』を著したときに、神武宮都について様々な観点から考えると、久留米市の高良山の北麓あたりの地（卑弥呼当時の宮都所在地と推定）に地形的にほぼ対応する橿原市の畝傍山の北麓あたりで、現在治定の神武天皇陵の地域一帯（現・橿原市山本町あたり）がふさわしいとみた。この奠都地決定に卜占がどこまで関与したのかは、実際のところ不明であるが、現治定の神武天皇陵から綏靖天皇陵（現治定陵墓はともに古墳ではないが）あたりにかけての地域がまさに北緯三四度三〇分に相当する。

忌部氏の所伝である『古語拾遺』には、橿原奠都のときに太玉命の子孫の天富命が手置帆負（たおきほおい）・彦狭知（ひこさしり）二神の子孫（紀伊国造一族）を率いて、宮の造営に奉仕したと見える。「天富命」の実体について、管見に入った見解はないが、別途検討したところ、「富＝トビ」で、神武天皇の弓の先に止まったという伝承のある「金鵄（きんし）」のことであり、具

畝傍山。後方に二上山も見える（明日香村・甘樫丘より）

体的な人名では、山城の鴨県主や玉作部の祖でもある生玉兄日子（いくたまえひこ）（葛城国造祖の剣根（つるぎね）の兄で、少彦名神（天日鷲翔矢命）の孫）に当たる。忌部首の初期の系譜・所伝や諸神の名前には混乱が多くあり、平安前期の書とはいえ、『古語拾遺』の記事そのままに信頼することは問題が大きい。

中臣氏の初期支族分岐

天種子命の後のあとは、その子で春日県主の祖という大日諸命（おおひもろ）（『姓氏録』では未定雑姓山城・春日部村主の祖）を除くと、初期段階ではしばらく分岐が見えない。大日諸の娘・糸織媛は綏靖天皇の皇后とも見え、その後も春日一族から妃が数人、出た模様であり（いずれも、『書紀』一書の記事）、これらが正伝であれば、春日県主のほうが中臣氏の本宗的存在だったか。春日戸村主とも書くこの氏は、系譜実体や春日県主との関係が不明なことに留意される（この氏は早くに衰滅した模様で、その事情等は不明であり、祭祀等から見て、河内の凡河内国造や鏡作造の一族というのが正説か）。

天種子命の三代後の伊賀津臣命のときに、恩智神主・添（そふ）県主・長柄首の祖が兄弟に見えて、中臣氏の初期分岐が始まる。以降は、次の梨迹（なしとみ）臣命の兄弟に伊香連・畝尾（うねお）連の祖、その次代の神聞勝命の兄弟に飛鳥直・狭山連・川俣連・伊与部（ここまでの合計が九氏）や伊豆・武蔵・常陸の卜部の祖などが系図に見える。これら諸氏が中臣氏の初期分岐であり、それらの祖が崇神朝前代の人々として中臣氏の系図に見える。

これは、鈴木真年自筆の「中臣氏総系」（『諸系譜』巻三所収）に拠るものであるが、この系図がどこの家ないし氏にどのように伝えられたのかは、不明である。中田憲信にあっても、真年の上記系図との関係が不明であるが、その編纂による『各家系譜』所収の四条家や上田氏の系図、『諸系譜』

巻三所収の「赤堀系図」「青木家系譜」等のなかにも、上記に相通ずる系譜の記載がある。これらに記載の中臣氏の初期部分については、内容的にもかなり信用しても良さそうだが、所伝の由来とか系図原蔵者が不明なのは残念である。

ところで、平安時代前期に成立の『新撰姓氏録』の記事からは、上記の諸氏が中臣氏族だとは分からない。『姓氏録』では、中臣氏族諸氏群とは離れた記載場所にあって、しかも、その祖先を天児屋根命など中臣氏祖先として知られる神の名前では記載されない場合すらある（「天児屋命」とする左京・伊香連及び和泉の狭山連・畝尾連、「津速魂命」とする河内・川跨連及び大和・添県主、という例外もあるが）。

恩智神主以下の上記九氏の祖先として『姓氏録』に記載の名で最も多いのが「コトシロヌシ」（「天辞代、天辞代主、天事代主、天乃八重事代主」という表記。「神、命」は省略）である。掲載順に左京・畝尾連、右京・伊与部、大和・飛鳥直、大和・長柄首の四氏も取りあげられる。河内の恩智神主では、『姓氏録』に「高魂命の児、伊久魂命の後」とするが、鈴木真年採集の「恩地神主系図」（『百家系図』巻四六所収）では、伊久魂命の子に「天辞代命―国辞代命（春日戸神、天児屋根命）―天牟良雲命……」と系を続けており、畝尾連の記事に符合する貴重な内容となっている。「コトシロヌシ」という名は、三輪氏の祖神として有名な事代主神と多く混同されており、『姓氏録』では大和・長柄首は地祇グループのなかに入れられるほどである。コトシロヌシが「言霊の神」を意味しても、史料に見える全てを同神とする必要はなく、同名異神のケースを適宜、考えるべきであることを認識する。

こうした祖神記載の例を見るところでは、中臣氏の初期分岐諸氏には、崇神朝頃までは「中臣氏族」という集団意識がなかったようであり、しかもその祖神の名を主に「天辞代命」と伝えて、「天児屋根命」とはしていない。度会神主の系図でも、天児屋根命の名は見えず、その位置には「天御雲命」という名が記される（注意すべきことだが、こうした神名・人名は通称であり、当時の実名は原始的な名で、ほかにあったとみられる。だからといって、これらの名前に対応する人物が架空で実在していなかった、というわけではない）。

以上の『姓氏録』の記載事例から考えると、なんらかの系譜所伝が残っていなければ記載できない内容が、上記真年関係諸系図に多く含まれるのが分かる。管見に入ったところでは、秋田県庁原蔵の『佐竹諸士系図』第二冊所収の「藤氏二階堂系図」が、中臣氏の傍系祖先を一部記載する。天御中主尊から始まり、梨迹臣命や神聞勝命等には兄弟の名（前者に臣智人命・伊世理彦命、後者に達稲穂命・建御世狭名命。ともに表記は原本ママ）が見える。従って、上記真年関係諸系図は、明治期における鈴木真年・中田憲信の手による「造作」ではありえない。これら中臣氏系図（代表的な上記「中臣氏総系」を、以下は「真年本総系」と言う）は、原典不明ながら、一応、信頼がおけると思われる（この前提で、以下も検討をする）。

三上（御上）神社（滋賀県野洲市）

近江の羽衣伝説

「真年本総系」の記事によると、崇神前代の初期中臣氏にあっては、近江南部の野洲郡あたりに居た三上祝の一族と、四代続けて歴代が通婚したと伝える。三上祝（御上祝）とは、滋賀県野洲市にある三上山（近江富士とも呼ばれる）に鎮座する三上神社の宮司家であり、系譜は天孫族の鍛冶部族・額田部連や凡河内国造、山背国造などの同族であった。祖神は天目一箇命（天御影神ともいい、天照大神の孫。天津彦根命の子で、少彦名神の兄）で、物部連とも同族である。そのせいか、畿内の本拠のほか、古くは近江にも中臣氏一族の居地があった模様であり、湖北の伊香連が発生した事情もこれら通婚に起因した。

その関係の事情は、『近江国風土記』逸文（『帝王編年記』所載）に天女の羽衣伝説として見える。羽衣伝説は日本各地に存在しており、その多くは説話として語り継がれている。そのうち、最古とされるのが近江と丹後で、各々が風土記逸文のなかに残っており、近江では滋賀県長浜市北部（旧・伊香郡余呉町）の余呉湖あたりを舞台とする。

古伝にいうには、近江国伊香郡与胡郷の伊香小江（余呉湖）は郷の南にあるが、そこに天上から八人の乙女が白鳥となって降りてきて、水浴びをした。伊香刀美はひそかに白犬を使って末娘の天

余呉湖

衣を盗み取って隠したので、姉七人は飛び去ったが、この天女は天上に帰ることができず、土地の民となって伊香刀美と結婚して室家をつくり、ここに居て男女各二人ずつを生んだ。男のほうは、兄の名を恵美志留（おみしる）、弟の名を那志等美（なしとみ）といい、女の名を伊是理比咩（いせりひめ）、奈是理比咩（なせり）といい、これが伊香連等の先祖である。後に母の天女は羽衣を捜し出して天に昇った、と見える。

伊香連氏は支族が畿内にもあって、『姓氏録』左京神別に掲載されており、その祖と記す「臣知（おみしる）人（ひと）命」は風土記逸文に見える天女の子の「恵美志留」とされる。古代近江の古族のなかで一族の始まりを神話や天上と結び付けるのは他に見えないから、伊香氏の権威を高める意味も、この伝承に考えられている。

この系図の記事は、「真年本総系」の記事ともほぼ合致するが、臣知人らの母は、天女ではなく、「彦羽富命の娘、豊幡姫命」と記される。彦羽富命については、三上祝の系図に見えないが、その祖で伊賀津臣の伯父にあたる川枯彦と同人か近親ではないかとみられる。上記逸文の伊香刀美は同系図に見える中臣氏の先祖の伊賀津臣命であり、その子の梨迹臣命（逸文の那志等美）の子孫が中臣氏となったが、その子に「建稲穂命」も見える。白鳥が稲の穀霊神として飛来して、当地が肥沃な土地を示唆するという見方もあり、三上祝が天孫族に共通する鳥トーテミズムや天降り伝承をもつことにもつながるものか。

同系図と逸文とでは、娘のナセリヒメは共通であるが、イセリヒメのほうは系図では男子の伊世理命ということで異なり、この者は畝尾連の祖と記事がある。建稲穂命のほうは高市郡の飛鳥直の祖とされ、畝尾連も同郡の香具山付近の地に起こった事情がある。

伊香氏一族と香具山及び古保利古墳群

ところで、伊香連氏の詳細な系図は、鈴木真年編の『諸国百家系図』に所収される（『続群書』所収の「伊香氏系図」は比較的簡単なうえ、前半は誤記脱漏が多い）。この系図は伊賀津臣命から始まり、臣知人命の孫の古加斐命は崇神朝のときに「淡海胆香具大神」を祀ったが、これが伊香郡式内名神大社の伊香具神社（長浜市木之本町大音。祭神は伊香津臣命）である。古加斐命の九世孫の首麿は崇峻天皇のときに朝廷の舎人となり伊香具臣の姓氏を負い、その曾孫が胆香瓦臣安倍であって、壬申の乱の時に大海人皇子の舎人で『書紀』に見える。

この安倍の家は美濃国安八郡に居た分流で、その従兄の稲主が伊香氏本宗として伊香具大神を奉斎し伊香郡領となった。稲主の五世孫の豊厚が伊香大領で嘉祥元年（八四八）に伊香宿祢姓を賜ったと伝え、『続群書類従』所載の系図もこの豊厚から始まる。豊厚の子孫は官人として朝廷に仕え、そのうち『古今集』の歌人として見える伊香厚行らには神祇大副という譜註記事が見える。厚行は菅原道真との親交深く、寛平七年（八九五）には菅公自筆の法華経等が奉納された。

子孫は伊香具神社に長く奉仕し続け、伊香・大音・田井・小村・磯貝・赤尾・磯野など同社の祠官家諸氏や中世・戦国期の湖北の豪族諸氏までつながり、伊香姓大音氏は武家としては福岡藩黒田氏の重臣に見える。福井県三方郡にも一族が残り、関係文書を遺した。伊香郡式内社の天川命神社は中臣氏の遠祖の神・人々（津速産霊神、武乳速命など数多い）五十八座を祭神としており、同社祠官家で戦国大名浅井氏の重臣だった雨森氏も、伊香氏同族だったか。一族から出た雨森芳洲は、江戸中期の朱子学者で宗氏対馬藩の朝鮮方佐役・側用人となり、李氏朝鮮との通交に尽力した。

伊香具神社の神奈備が鎮座地・大音の北方に位置する賤ヶ岳連山で、香具山と呼ばれたというから、大和の香具山に通じる。摂社の意太（おふと）神社の祭神も、火神の迦具土（かぐつち）神とされる。

伊香氏一族は長浜市北部の木之本町・高月町辺りの地域に居住したが、主にこの一族が築造したとみられるのが高月町西部の**古保利（こぼり）古墳群**である。琵琶湖の塩津湾に面した南北に伸びる西野山丘陵上にあって、各八基の前方後方墳・前方後円墳などを含む総数百三十余基の古墳からなり、古墳発生期から終末期まで連綿と築造された。最大の古墳は西野山古墳で全長八〇メートルの中期古墳であるが、それよりも、高所・好所の最北部にあって同古墳群の形成契機ともなった小松古墳のほうに注目される。

小松古墳はバチ形前方部をもつ全長約六〇メートルの前方後方墳であり、他の同形墳は三〇メートル前後とされる。小松古墳は、二重口縁壺など庄内併行期の土器群が多数出土して、古墳時代初期ないし前期の築造とみられ、前方後方墳としては国内最古級で、同時期では最大級の規模とされる。同墳はI期古墳とみられており（丸山竜平「古保利古墳群の基礎的研究」）、四世紀前葉の築造とされる。同墳の乱掘坑からは舶載の内行花文鏡・方格規矩鏡の破砕鏡とみられる各一面の出土もあり、こうした重要な初期古墳から三角縁神獣鏡ではない銅鏡が出たことに留意される。古墳群の近隣の大森古墳（高月町松尾。全長六二メートル）、姫塚古墳（高月町東柳野。全長七八メートルほど）も前方後方墳で初期古墳とされる。

これら諸事情から、崇神朝頃の伊香氏の来住という伝承が裏付けられよう。琵琶湖を媒介とする湖上交通で日本海に抜ける最短ルートを押さえる地に、初期古墳群の形成があったことに着目される（『続日本古墳大辞典』黒坂秀樹氏）。琵琶湖東岸部から北部にかけての地域の考古学状況から当地に有力な地域豪族の存在が窺われ、崇神朝頃に大和王権関係勢力による湖北地域の確保という基礎で、北陸道への四道将軍遠征が可能になったのである。

後に奈良時代に坂田郡少領の中臣島足が見えるが（天平十九年「坂田郡司解」）、出自や伊香連との関係は不明である。蒲生郡にも中臣氏が見え、高島郡の麻知神社も中臣関連か。

畿内の中臣氏本宗家の居地はどこか—枚岡連の位置づけ

初期の中臣氏について、畿内のどこに居たかという問題がある。

最初に見たように、春日神社の二神、天児屋根命と比売神（妃神で、一に天美豆玉照比売命という）が本来は河内国河内郡の枚岡神社に坐しており、そこから春日大社に迎えられたという所伝がある（「元春日」の別称もある）。このため、大阪府東大阪市出雲井町に鎮座する枚岡神社あたりが中臣氏の本源の地とみられることが多い（宮地直一、田中卓氏など）。たしかに大和と河内を結ぶ「暗越」を押さえる要地であり、生駒山（山の神は火神とされる）の東・西の地域には中臣氏一族が分布し、古くから縁由をもったことは考えうる。

枚岡社の社伝によれば、神武天皇即位の前に、侍臣の天種子命が天皇の命で神津嶽山頂に祖神の天児屋根神を祀ったのが創祀とされ、「平岡」の社名は山頂の平らな形状に因るという。後に、中腹の現在地に遷座したが、元の山頂には現在も奥宮がある。

この社伝は当地の祭祀が早かったことを示唆するが、枚岡神社を奉斎した平岡連氏は、発生が必ずしも早かったとはいえず、古代では史料に活動がまるで見えない。『姓氏録』には、津速魂命の十四世孫の鯛身臣が祖と記され、この世代は、天児屋根命からすれば十一世孫、神武朝の天種子命からすれば八世孫（あるいは九世孫で、摂津神別の中臣東連条には、天児屋根命の九世孫が鯛身命と記）と

牧岡神社（大阪府東大阪市）

なる。これらの記事が正しければ祖先の鯛身臣は崇神朝以降の人となり、その具体的な系譜は、久志宇賀主命の子とも臣狭山命の子とも伝える（『枚岡市史』所収の「水走系図」では天児屋根命十二世雷大臣命の裔孫と記す）。鯛身臣の活動時期は、前者の場合だと垂仁・景行朝ごろ、後者の場合だと応神朝ごろとなる。しかも、平岡連の氏人は、現存史料には平安期までの人は見えず、鎌倉期になってやっと出てくる。

枚岡社の史料登場も早くなく、『新抄格勅符抄』所載の「神事諸家封戸　大同元年（八〇六）牒」に「枚岡社六十戸」という記事が初見とされる。中臣氏の氏神社として重きをなすのは、概ね平安時代になってからだともみられている。先に見たように、崇神前代の中臣一族諸氏にあっては、河内で近隣の恩智神主も含め、祖神を天児屋根命という名では奉斎しなかった事情もある。以上の諸事情を見て考えると、河内の枚岡あたりが古代の要地であっても、ここが中臣氏の本貫地という根拠・証明にはほど遠い。

先に掲げた初期分岐の九氏について、それぞれの起源の地を考えると、伊香連の近江を除くと、大和が六氏（添県主・長柄首・畝尾連・飛鳥直・川俣連・伊与部）、河内が二氏（恩智神主・狭山連）とみられる。なお、川跨連（川俣連）は、『姓氏録』では河内にあげられるが、高市郡式内社の川俣神社の地（橿原市雲梯の河俣神社か。八重事代主神を祀る）に起こったと考えてみた。春日部村主も系譜に定めがたい面があるが、中臣氏の初期分岐であったのなら、これは大和の添郡の起源であった（鏡作氏一族の出なら、河内国高安郡か）。

こうして見ると、崇神前代では大和の香具山周辺に本拠があったとみるのが自然である。その後に、北方の大和北部の添郡（添上・添下両郡）や、さらにそこから生駒山を越えて西方の河内国枚岡あたりに展開したのが氏族の動きとみられよう。かなり多くの研究者（中村英重、荊木美行などの諸氏）がいうような、中臣氏の本拠地が当初は河内枚岡だという立場には、私見は与しえない。ただ、崇神・垂仁朝頃に、初期物部氏が地域豪族的な穂積臣（もともとの本宗家的存在）と伴造の物部連の二系統に分かれたというのとほぼ同様な形で、初期中臣氏にあってもほぼ同時期に、地域豪族的な形で河内北部に展開した平岡連と伴造の中臣連の二系統に分かれたという見方もできそうである。

河俣神社（橿原市雲梯町）

崇神朝頃から本格化する古墳築造について見ると、奈良盆地北西部の添下郡には、生駒山東側の矢田丘陵の裾に**富雄丸山古墳**（奈良市大和田町）がある。前期古墳で墳丘直径約八六メートルという国内最大級の円墳とされる（北陸での円墳見直し例からすると、帆立貝型古墳の可能性もあるか）。同墳からは、鉄製武器、銅・鉄鏃、農工具、鍬形石・石釧、琴柱形石製品・石製盒子、銅釧、刀・斧などの石製模造品、筒形銅器・巴型銅器など豪華な副葬品が出た。墓壙・粘土槨・木棺は、前期古墳の東大寺山古墳に類似し匹敵する規模とされる。銅鏡も三角縁神獣鏡3・三角縁盤竜鏡1の合計四面（他の古墳から出た可能性もいわれる）が出て、神獣鏡は吉備車塚・椿井大塚山・福岡県那珂八幡と、盤龍鏡のほうは湯迫車塚・滋賀県大岩山・群馬県北山茶臼山との同范鏡関係が知られ、重要な位置を占める。

同墳は南方近隣にある小泉大塚古墳（全長約九〇メートルで、内行花文鏡3、画文帯神獣鏡1など七面以上の銅鏡や円筒埴輪Ⅱ式を出土）とともに、築造者・被葬者が不明である。考えられるのは、添御県坐神社の近隣に位置するので、添県主一族かその本宗の中臣氏の墳墓かとみられる。付近の六道山古墳（全長約百メートル）も前期古墳とみる見方があり（五世紀初頭頃とみるのが多いが、富雄丸山より先行説もある）、添県が「倭の六御県」の一つに数えられるに相応しい古墳・副葬品といえよう。これら前期古墳が、中臣氏一族の築造による場合には、四世紀中葉頃から中臣氏本宗家は、本拠を香具山周辺から大和北部に遷したことになろう。

河内・摂津の中臣氏同族

平岡連の近い同族には、椋垣(くらがき)朝臣（もと倉垣臣）・荒城(あらき)朝臣（もと荒木臣）・中臣大田連・中臣藍連・評(こおり)連・中臣東(つか)連・生田(いくた)首などがいわれ、主に摂津北東部に分布する。このなかには、もとは臣姓で、ついで朝臣姓をもつ雄族も見えるから、崇神朝のすこし後くらいに西方の河内方面に分かれた有力支流の中心が平岡連とみられる。そうすると、『諸国百家系図』（岩瀬文庫蔵）の「倉垣系図」が言うように、久志宇賀主命の子に鯛身命を位置づけるのが妥当となり、崇神朝の神聞勝命（久志宇賀主）の子の世代に、地域豪族系の平岡連の祖・鯛身命と卜占職掌の中臣氏の祖・大鹿島命が出て、二系統に分かれたものか。

平岡連氏について、古い時期の動向や歴代は全く知られないが、鎌倉期には神主職を争う一族が見える。一族には平岡社祠官家の水走（みずはや）（宮司）・鳥居（祢宜）二氏があり、中世武家としての水走氏の活動を記す史料が残る（『平岡市史』第三巻、史料編）。この氏が社領や大江御厨を守る武士団として平安末期頃から活動が見えるが、もとは支流であったためか、系図等の史料に古代部分が見えない。平岡連も近い同族と同様、元は臣姓であった可能性もある。この氏が、中臣氏や卜部氏とは全く別の氏族だとする見方は妥当性がない。

平岡連の同族の**倉垣臣**氏は、能勢郡倉垣村（現・豊能郡能勢町倉垣）から起こり、能勢郡領を歴代つとめ、中世には能勢郡の倉垣、島上郡の井尻、丹波の志道（しぢ）などの武家を出した。「倉垣系図」（『諸国百家系図』所収）では、鯛身命の六世孫の真東臣が顕宗朝に倉垣臣姓を負い、その七世孫の豊毘登臣が椋垣朝臣（『姓氏録』摂津神別）となったとする。倉垣村の東部に摂津歌垣山（標高五五三メートル）があり、肥前の杵島山、常陸の筑波山と並ぶ日本三大歌垣といわれる（『摂津国風土記』逸文に見える「歌垣山」が当地の歌垣山とみる説もある）。

枚岡からは割合近い南方の高安郡に居して式内名神大社の恩智神社（大阪府八尾市恩智（おんぢ）中町）を奉斎したのが、**恩智神主**氏である。その分岐は早く崇神前代であり、湖北の羽衣伝説に見える伊賀津

恩智神社（大阪府八尾市）

臣命の兄弟の大期弊美（おおきへみ）命が始祖とされる。こうした初期分岐のため、『姓氏録』では河内神別にあげるものの、中臣氏族の諸氏グループとは離れて掲載される。後裔には、楠木正成と共に南朝方で戦った飯盛山城（四條畷市。生駒山脈の北西支脈に位置し、当時はまだ臨戦的な陣の城）城主の恩地左近将監満一がおり、恩地左近太郎も同城で楠木正儀に属した。一族が美作国大庭郡にあり、『続紀』に見える奈良末期の美作掾恩智神主広人の後裔で大森神社（現・福田神社で、真庭市蒜山仲福田に鎮座）の祠官・小原氏となった。

あとで分かれた中臣支族だが、河内には菅生朝臣、中臣連、中臣酒屋連、村山連、中臣高良比連、川跨連、狭山連、中臣などの諸氏があり（後述）、摂津には対馬連、津島朝臣、神奴（かみやっこ）連などの諸氏があって、摂河泉三州には同族諸氏が多い。なかでも、神奴連から摂津の諸社の祠官家が出ており、摂州の住吉社神人及び同国住吉郡の中臣須牟地（すむち）神社神主の神奴、その一族の北村、同国武庫郡の西宮神社祠官の吉井、という苗字があげられる。

六　高天原時代の中臣氏の遠祖神

天児屋根命の活動と位置づけ

ここまでに神武朝以降の中臣氏の主な動向を見てきたが、さらに時期を遡って、いわゆる「日向三代」（天降りしたニニギ尊からの三代で、「日向」の地に居住と伝承）及び高天原の時代における中臣氏の遠祖神の活動状況を考えてみる。（その際、戦後の歴史学では実在性を否定されてきた記紀神話を取り上げることになるので、この関係で詳しい論証を必要とする点もあろうが、本書は中臣氏をテーマに検討・記述するものであるので、他での論証などを踏まえてここでは簡潔に書かざるを得ない。このことを、まずお断りしておく。この関係では、「高天原」は天上にある虚構の地という見方が学究には多く、「天降り伝承」とともに、実体をもった人間の行動や舞台とは考えられないとの津田博士流の見方が強いが、これは視野が狭い。東北アジアでは、父祖の地を「天、天上」として、そこからの移遷を「天降り」と伝える事例が高句麗などツングース種族（東夷）に多くあり、これと同系統の種族のわが国天孫族においては、史実の原型を示唆しながら伝えるものである。）

高天原時代では、中臣氏遠祖神の**天児屋根命**の活動が著しい。記紀等に記すところでは、太占の卜事で神に仕えたと見え、天照大神が岩戸隠れをした際、岩戸の前で神楽を奏し、忌部の祖・天太玉命とともに祝詞（のりと）を唱えて祈祷し、天手力男命（たぢからお）が岩戸を開けて大神が窟から出るのを手助けした。

このとき、思兼神は深慮遠謀から鶏に長鳴きさせて夜明けを示唆させた、と見える。天孫降臨の際には、高魂命から命を受け瓊瓊杵尊に随伴した、とされる。この伝承が不比等などによる造作なのであろうか。その根拠は、どこにもない。

天孫降臨のイメージ

　神名の「コヤネ」が、在世で摂津国武庫郡の児屋里に居住した謂われともいうが、年代的地域的にまったく無理である。これが、「小さな屋根（の建物）」の意で、託宣神の居所を指すのだとしたら、中臣氏で卜占の職掌が固まった段階でその名が生じたものか。

　天児屋根命は、天孫降臨では随行の五伴緒の筆頭にあげられる。そのときに、同じ山祇族から出た大伴連・久米直の祖神、天忍日命（天津久米命と同神で、天手力男命の子）は、天の石靫（堅固な矢入れ）を負い、頭椎の大刀と天の波士弓（櫨の木で作った弓）・天の真鹿児矢（鹿を射る矢）を持って先導をしたと伝える。この弓矢装備の記事にも留意される。

この降臨に際して、天児屋根の子の天忍雲根命（天押雲命、天牟羅雲命）も同行したことは、先に述べた。この神の孫が伊勢国造の祖・天日別命であり、天種子命の兄弟とみられるから、『尊卑分脈』所載の中臣氏系図で「天児屋根尊↓天押雲命↓天多祢伎命」と続けるが、天押雲命と天多祢伎命との間に一世代の欠落がある。そして、度会神主の系図には、天押雲命のかわりに天牟羅雲命という名で「皇孫の天降時に供奉」と見え、この神と天日別命との間の世代には「天波与命」という名が入る。天波与命なる神は事績がなんら伝わらず、早い段階で中臣氏の神統譜から脱落したとみられるものの、『姓氏録』の中臣連一族諸氏の世代数のカウントには、この天波与命を入れて数えるほうが妥当である。

こうした世代対応を、同族の紀伊国造・大伴連の系図で見ると、祖神の天手力男命と神武東征時の天道根命・道臣命との関係が祖神の曾孫（中間に二世代）にあたり、天波与命を世代に入れた場合に、天児屋根命と天種子命との関係も祖神の曾孫にあたる形となり、同じ世代関係が見られる。

天児屋根命は、中臣連の祖神、藤原氏の氏神として春日神社・大原野神社・枚岡神社・吉田神社など、多くの神社で広く祭祀・信仰をされたが、多くの別称ももつので、それらとの同神性が問題となる。この神は知能や預言の神とされ、同様の性格をもつ少彦名神との混同が古代氏族の系図等でも多く見られる。江戸後期の平田篤胤の説では思兼神（八意思金命）と同一神であるとされる。天児屋根命（天児屋命、天之子八根命）と同神と思われる名前・別名として、とりあえず、先にあげた国辞代命のほか、武乳速命、思兼神、太詔戸命、天見通命をあげておく。

建御雷神と経津主神

天児屋根命の神統譜では、父が興台産霊とされる。興台産霊は名前からすると、抽象神のようにも思われるが、神代紀第七段の第三の一書には、日神が岩屋籠りのときに「中臣連の遠祖興台産霊の児、天児屋根命」を諸々の神が派遣して祈祷をさせたと見える。

興台産霊の実態が鹿島神社等で祀られる武甕槌神という名ではないかとなると、その活動がさらに顕著になる。「タケミカヅチ」の表記は多く、『古事記』では建御雷神、建布都神、『書紀』では武甕槌、武甕雷男神、建雷命などと表記される。名前のとおり雷神であり、水神であり、剣の神（霊剣の布都御魂、佐士布都神に通じる）、武神・軍神として知られる。神産みの際、イザナギ神（伊邪那岐、伊弉諾尊）が火神軻遇突智の首を切り落としたときに誕生した神がタケミカヅチの系譜に関係するが、その伝承が異なり、A火神の血から生まれた三神のうちの一神が武甕槌神ともいい（残り二神が甕速日神・熯速日神とされる）、Bこのとき甕速日神という武甕槌神の先祖神が生まれたといわれる（『記』はAのみ、『書紀』はA・B伝承が併記）。中臣氏の遠祖神の津速産霊が「血速魂命」という名で『丹生祝氏本系帳』に表示されるが、これは火神カグツチの血から生まれた神を想起する（同書では、高御魂命〔大伴氏の祖〕、神魂命〔紀伊氏祖〕及び安魂命〔門部連等祖〕らの兄弟に位置づける）。このうちでは、B伝のほうが妥当であろう（この辺の話は後ろでも触れる）。

建御雷の活動は、国譲り神話には、十握の剣を用いて大国主神に対し国譲りの談判を行い、その次子という建御名方神（諏訪神）と争って力競べをし、建御名方神を降参させたと見える（建御名方神は本来、畿内に在ったから、この伝承は実際には時間・場所共におかしい）。

神話の「国譲り」は、筑後川中流域に在った「高天原」と、博多平野沿岸部の「葦原中国」（名前から見て、地上の日本全土とみるのは疑問が大きい。筑前の那珂川流域の政治体とみられる）との争いがその前提にあり、これが史実原型であった。後になって、抗争相手が山陰の出雲の大国主神（もとは筑紫の大己貴神）に変わるなど、様々に内容が転訛した。九州北部における天孫族の国と海神族の国との覇権争いが伝承の原型であることに留意される。

このとき実体をもって活動したのが建御雷神であるが、古代氏族の同一系統には祖先の名前が同じように踏襲される例も多いので、国譲りの談判をしたタケミカヅチ神は、共に行動した神々の世代から考えると、天児屋根命の子とされる天忍雲根命（天牟羅雲命）のほうに当たる可能性も考えたい。ともあれ、中臣氏がこの抗争事件では武力をもった存在として行動したことに留意される。「天忍雲根命」は記紀に見えない神だが、宮内省主水司が祀る神に鳴雷神社があり、この祭神に粟田寛博士は擬している（『神祇志料』上巻）。

建御雷神と共に派遣された神の名も、『書紀』では経津主神、『記』では天鳥船神とされるが、いずれも天孫族系統の神であった。経津主神は、春日大社などで建御雷神とともに奉斎される「斎主神（伊波比主神）」と同神とされるが、その建御雷神との関係については諸説あり、難解である。というのは、「経津主神」という名は天孫族系の天津彦根命の後裔（すなわち、天目一箇命・少彦名神兄弟の後裔）のなかにかなり頻出するものであり、複数の同名神がいた、同名異神の可能性が大きくあるからである。

「剣の布都御魂」と経津主神とは同一神であるのなら、これは鍛冶神・天目一箇命で物部祖神（饒速日命の父神。三上祝・額田部連等の祖）に当たる。『肥前国風土記』に物部経津主之神、延喜式内社に物部布都神社（壱岐国石田郡）・石上布津之魂神社（備前国赤坂郡）があって、物部一族の祖神を示す。

『古事記』神武東征の段にも霊夢のなかに武甕槌神が登場するが（『書紀』も同様）、「布都御魂、此の刀は石上神宮に坐す」（石上神宮は物部氏の氏神）と見える。記紀等で伝承は多少異なるが、共に葦原中国の平定に当たった神とみられる。しかも、崇神前代の初期中臣氏にあっては、天目一箇命の後裔系統と連続四代にもわたって通婚していた事情もある。ただし、『姓氏録』では別神のフツヌシ神（少彦名神に相当）があり、これは弓削連や矢作連（同書の未定雑姓河内。布都奴志乃命と表記）の祖とされ、忌部や香取連の系図にも「フツヌシ」の名をもった者が歴代に数人見える事情にある。

斎主神が香取神であるのなら、下総の香取神とは少彦名神のことであり、「斎主」の名にふさわしい。少彦名神はたいへん複雑で難解な神であって、後裔諸氏も多い。結論からいうと、忌部首・鴨県主や伊豆国造・知々夫国造・香取連・服部連及び弓削連・矢作連などの祖であり、後の中臣氏本宗家や常陸占部には伊豆国造の血も女系を通じて入っている。

武蔵東部の江戸川下流部（元荒川～鬼怒川間の地域）には、香取神の分布はきわめて多い。平安後期ごろから武蔵を中心に活動が見える「坂東八平氏」の武家の殆ど（秩父諸氏や千葉氏など）が、実際には知々夫国造の族裔であった。

香取神については、『続日本後紀』承和三年五月条に

香取神宮本殿（千葉県香取市）

「下総国香取郡の従三位伊波比主命」、『延喜式』巻八・祝詞に「香取に坐す伊波比主命」と見えるから、経津主神とすることは若干の誤解を招きやすい。『書紀』（天孫降臨の段）の引く一書には、「経津主神と武甕槌神が葦原中国の平定の前に高天原の悪神の天津甕星（みかほし）を討った」「このとき斎主の神は、『斎の大人』と号した。この神は今は東国の楫取（かとり）（香取）の地に存在する」と記される。イハイヌシは、記紀神話ではこの箇所しか登場せず、「神事を行なう神」という意味で受けとられるも、特定の「経津主神」に直ちにつながるわけではない。

　こうした諸事情があるのだから、春日大社祭神の斎主神については判断を迷うが、鹿島神・香取神として常陸・下総から一緒にもたらされたということで、実体が少彦名神というほうに傾いている。ともあれ、建御雷神と経津主神とは同一神であって荒魂・和魂の関係にある神とみる見方（本居宣長説）は成り立たないし、現に支持者は少ない。

　関連して言えば、伊豆国造家の後裔の矢田部氏に伝わる系図（東大史料編纂所蔵『矢田部文書』。その概要版が『姓氏家系大辞典』イヅ条に掲載）では、「多祁美加々命―天足別命（一云、速経和気命、天見通命、武乳速命、麻刀方命、天児屋命）―天忍雲根命」と見える。多祁美加々命が武甕槌神に当たるとしたら、天児屋根命との関係も親子となる。天足別命は陸奥の中臣氏族が奉斎した神であって、天児屋根命の別名としてよい。天児屋根命の別名が上記系図に多くあげられるなかに、後に系譜混淆された伊豆国造の祖神の名も入っており、麻刀方（まとかた）命は伊勢で服部麻刀方命と見えるから、別名からはずすのが妥当である。天見通命は荒木田神主の祖神とされるが、この系図では天児屋根命の別名とされることにも留意される。

武乳速（たけちはや）命については『姓氏録』大和神別の添県主条に「津速魂命の男―（子孫の転訛か）、武乳遺命―（「遺」

は「速」の誤記）」として中臣氏の祖神にあげられ、別名の速経和気命という名は『常陸国風土記』久慈郡条に見える。すなわち、郡の東に大山があって賀毘礼の高峯（日立市の神峰山）に天神がいて、名を立速男命、一名を速経和気命といい、この神の祟りが厳しく猛々しいのに苦しんだ住民の要請で、朝廷は片岡大連を遣わし祭祀させたと見える。片岡大連は中臣鹿島連の祖先（大鹿島命の孫が片岡子命）であるから、中臣氏の遠祖の雷神としてよい。「武乳速」も「立速」「速経」も、その所業が雷・稲妻に通じるから（志田諄一氏は「速経＝稲妻」とする）、ここでも武甕槌神と天児屋根命との親子関係を示唆する。あるいは、武乳速命も速経和気命も、武甕槌神のほうの別名という可能性もある。

中臣氏と服部連・伊豆国造との関係

伊豆国造の出自が天児屋根命に混同架上されることについて、もう少し記しておく。

伊豆国造の一族から服部連氏が出たことが上記系図に見える。すなわち、天足別命（麻刀方命、天児屋命）の子の天忍雲根命の兄弟に置く天御桙命（一云、天䕽桙命、伊刀麻命）の九世孫に弥蘇足尼、その子に麻羅足尼が見えるが、弥蘇は『播磨国風土記』に仁徳朝御宇の服部弥蘇連と見え、麻羅は『姓氏録』摂津神別の服部連条に「熯速日命十二世孫麻羅宿祢が允恭天皇の御世に織部司となって諸国の織部を総領したことに因み服部連という」と見える。イザナギが火神迦具土を斬ったときに、その血から出現した神が甕速日命・熯速日命・武甕槌神の三神だとも、甕速日命が武甕槌神の祖とも伝えるが、熯速日命が武甕槌神の父だと鹿島大宮司家の系譜に関して青山延彝が述べる。

服部連・御手代首（ともに大和神別）の二氏だけが『姓氏録』で天御中主命を祖先とする（さらに河内神別の神人が「御手代首同祖」と記載）。前者には「天御中主命の十一世孫天御桙命の後」、後者には「天御中主命の十世孫天諸神命の後」と見える。また、「国造本紀」には伊豆国造条に「神功皇后御代、物部連祖天蕤桙命の八世孫の若建命を国造に定める」との記事があり、『旧事本紀』一本が言うように、この記事の「物部」が「服部」の誤記であって、上記伊豆国造系図には九世孫の弥蘇足尼の父に若多祁命が見えるから、この者が八世孫となって「国造本紀」記事と符合する。同じ伊豆国造系図には彦振根命から倭川原忌寸の分岐が見えるが、この氏は『姓氏録』未定雑姓河内に記載され、武甕槌神の十五世孫の彦振根命が祖だと見える（「十五世孫」は疑問で、上記系図では六世孫か）。『姓氏録』の記事にはこの一個所しか、武甕槌神の名前が見えないことに留意される。

　これら諸事情から見ると、ふつうには服部連・伊豆国造は中臣氏同族と考えられる。私も『古代氏族系図集成』を編纂したときは、この一族を中臣氏族に続けて掲載した。ところが、これが誤りだった。服部連など古代の繊維・衣服関係氏族は、殆どすべてが少彦名神の後裔に位置づけるのが妥当であり、本来では同神でなかった麻刀方命（服部連の祖）を天児屋根命と同神化して伊豆国造系図ができ上がっていた。同系図で天御桙命の兄弟に置く「天表春命・天下春命」（両者は同一神の可能性がある）は信州伊那谷の阿智祝や武蔵国の知々夫国造の祖とされており、この両神も『旧事本紀』「天神本紀」では八意思兼命の子におかれるが、起源や祭祀等から考えれば、伊豆国造同族と考えたほうがよい。

荒木田神主と度会神主の系譜

中臣氏と服部連一族との系譜混淆が生じたのは、才知の優れた神たる天児屋根命が、同様な性格の少彦名神（忌部首の祖先でもある）と混同・一本化された形で系譜がまとめられたという事情に因るのであろう。その関連で、伊勢神宮（二所大神宮）の祭祀に共に関与した服部連の系統と中臣連の系統も混合化した。それが本来、服部連同族であった内宮（皇大神宮）祠官家、荒木田神主が中臣氏同族として系譜を架上、変更した事情につながる。

荒木田神主の現在に伝わる系図（『系図総覧』等に所載）に拠ると、中臣氏の系を「国摩大鹿島命─大狭山命」まで続けて、大狭山命の子に天見通命をあげて荒木田氏祖神とし、以下には、その子の「天布多由岐命─大貫連伊己呂比命─大阿礼命─波己利命─荒木田神主最上─同葛木……」と続ける（田中卓氏が紹介する南北朝期に原撰の古系図では、垂仁朝の天見通命から始めるが、その先は中臣氏に繋げていない）。この「荒木田氏系図」は次の三点で疑問が大きく、本来の系図を中臣氏の系図に接合させた仮冒、造作だと分かる。

その第一は、上古代の人名で「天」を冠するのは神武朝に活動した者が下限であるにもかかわらず、景行朝頃の大狭山命の子に垂仁朝の人という天見通命を置くという甚だしい倒置があり、さらにその子にも「天」を冠する天布多由岐命を置くのは矛盾が大きい。第二は、古代氏族諸氏の世代比較をしたとき、垂仁天皇と景行天皇とは同一世代（両天皇は実際には兄弟と推定される）に置かれるが、この同一世代に荒木田氏ではなんと七人もの配置する（国摩大鹿島命から大貫連波己利命までの七代。天見通命以下だと五代）。これは、実体を備えた系図ではありえない。第三は、天見通命には天児屋根命の別名という記事が別途あることである。また、姓氏が初め「大貫連」だというのは、賜姓時期も含めて不審である。

ところが、「真年本総系」では、上記で三代目の伊己呂比命を国摩大鹿島命の兄弟に置くので、それなら上記疑問点がほぼ解消されるかと考えて、この記事を取り入れてみたが、世代配置の難点はやはり解消できなかった。そうすると、荒木田神主氏は中臣氏とは本来は別系統の氏族だと見ざるをえない。その場合、伊勢に服部連の同族が多いこと、上記伊豆国造の系譜混淆の事情から見て、本来は少彦名神の後裔に置かれるべきだと考え直した。伊勢国多気郡には、式内社の服部伊刀麻神社、服部麻刀方神社や麻績神社が見える。「天神本紀」には「八坂彦命　伊勢神麻績連等の祖」と記され、神麻績連は少彦名神の後裔とされる（『斎部宿祢本系帳』には、少彦名神にあたる天日鷲翔矢命の子が天白羽鳥命〔羽鳥＝服部〕、その子に天物知命、又名天八坂彦、伊勢ノ神麻績連祖、と見える）。この「八坂彦」に通じる「八佐加（ヤサカ）支刀部」という名が、上記の伊己呂比命の別名で系図にあげられる事情もある。

荒木田神主氏は、天智・天武朝頃に奉仕の石敷（いわしき）の子の代から二流に分かれ、一門は度会郡小社曽祢に、二門は田辺に居した。後に両門とも神宮の所在地・宇治郷に移り住み、交代で祢宜職を世襲して多くの諸氏を分出した。なかでも、一門の沢田・井面（いのも）・薗田、二門の中川・世木・藤波・佐八の七氏が神宮家または重代家（内宮祢宜になれる家）と称された。一族からは、俳諧始祖の荒木田守武、国学者の荒木田久老（ひさおゆ）（賀茂真淵門下）が出た。

併せて、外宮（豊受大神宮）の祠官家の**度会神主氏**の系譜についても触れておく。伊勢国造の祖・天日別命の後裔という系図を称して、その五世孫の大若子命が垂仁朝に越の荒ぶる凶族阿彦（あひこ）を討伐して「大幡主（おおはたぬし）」の名をもらったが、その弟の乙若子命の子孫という。しかし、度会神主氏はもと丹後国与謝郡に居り、伊勢に来たのは豊受大神の丹後国真名井原（まないはら）からの遷座に伴うもので、雄略朝の後期（廿二年と伝える）であった。その実際の出自は、海神族系の丹波国造族の海部直の一族で、もとは石部直（磯部直）姓である。伊勢外宮の祭祀の関係上、系譜を伊勢国造につなげ、祖先の大幡主（北陸道の諸国造家の祖）を伊勢で著名な大若子命と同人化させた形で系譜仮冒を行っている。鎌田純一氏も、「本来百船の度会地であった伊勢湾岸、宮川の河口付近にいた海洋民族と見られる」とし、「現在にも地名の残る磯部を本拠とする磯部氏」であると述べる（その著『日本の神々』）。

その系図は、雄略朝の大佐佐命とその子・乙乃子命（武烈朝に奉仕と伝える。「弟」説もあるが、子のほうが妥当）から後が信頼できそうである。乙乃子命の四男子が一門〜四門と分かれたが、一門は後が見えず、三門は平安前期に断絶した模様で、後世まで長く続いた氏人の流れは二門と四門である。一族から多くの諸氏を出したが、なかでも檜垣・松木・久志本・佐久目・河崎・宮後の六氏は重代家と称された。

度会氏は、鎌倉後期から南北朝時代にかけて、内宮と争い伊勢神道を唱えたが、その大成者が度会（村松）家行であり、一祢宜まで昇格し南朝から従三位に叙せられた。家行の神国思想は北畠親房の「神皇正統記」に影響を与えたとされ、南北朝動乱のなかでは南朝方を支援し軍事活動にも挺身した。江戸前期の外宮権祢宜、度会（出口）延佳も神道家として著名で、校訂刊行した書に『鼇頭旧事紀』がある。

度会氏神社はもと外宮末社で、祖神・天牟羅雲命を祀り、外宮摂社の度会国御神社は天日別命の子神を祀る。松木神社なども度会氏の祖神を祭り、大阪市北区神山町の綱敷天神社の社家白江氏は、菅原道真に所縁の度会春彦（二門）を祖とする。春彦は、十世紀中葉の延喜・延長年間の一祢宜で、道真の生誕祈願を取り次ぎ、子守をし、大宰府に配流の道真に随行したと伝える。末孫には、上記の松木・檜垣・佐久目・河崎の四家がある。

二上山が示唆する建御雷神の実体

鹿島神たる武甕槌神について、「伊豆国造系図」に照らして考えると、同系図で名前の通じる「多祁美加々命」にあたり、その子に置かれる「天足別神（同系図では天児屋根命の別名）」が「鹿島御子神」とされ、陸奥の式内社の名前対比からもそのように解される。水戸藩の藩儒・青山延彝（瑤渓）の著『二十八社考』には鹿島大宮司家の系譜を「武甕槌命―武速治命……」とするが、武速治命とは武治速見命ともされるから、武乳速命（天児屋根命の別名）に通じる。すなわち、武甕槌神が天児屋根命の父神となる。だからこそ、春日大社でも武甕槌神のほうの神階を高くみてきたのだと、当初は考えていた。

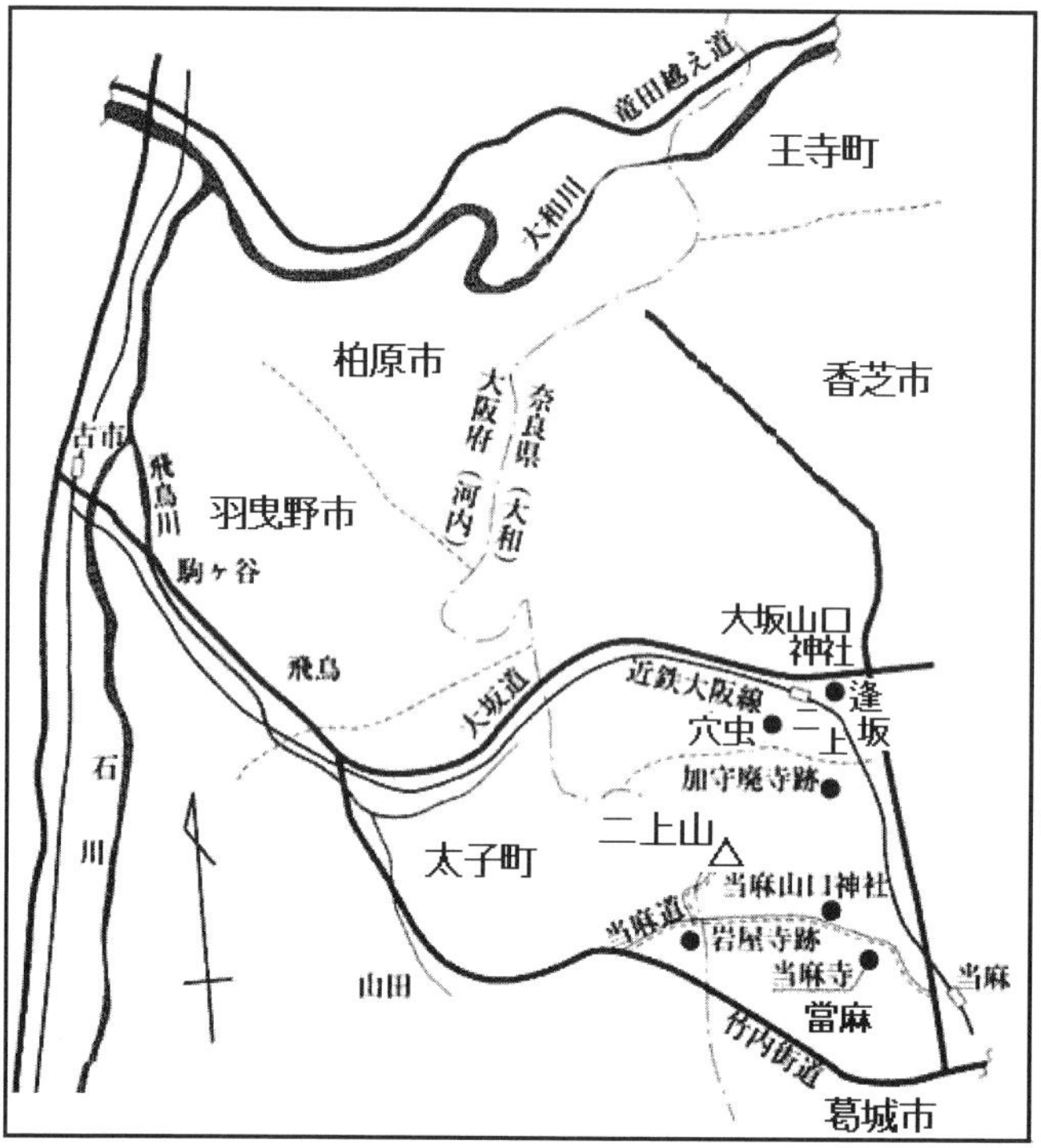

二上山付近

ところが、この見方に疑問も出てきた。それは、武甕槌神の活動時期を考えると、天児屋根命の御子神とするほうが収まりがよいからであり、これは先にも触れた。そして、記紀には見えないが、天児屋根命の子の天忍雲根命

二上山

（天押雲命）も天孫降臨に随行したことが系図伝承等に見えており、雲を押し分けて進んだことにその名が因むとされる。

そこで、この天忍雲根命なる神を更に探ると、葛城地方の西側の境界にある二上山（ふたかみ）に大きな手がかりがある。二上山とは、先にも触れたが、大和と河内に跨る金剛山地北部の山で、雄岳・雌岳（標高が各五一七メートル、四七四メートル）の二峯からなり、二神山（双子山、尼上嶽）とも呼ばれる。その北側に穴虫峠があって長尾街道が通り、南側中腹には竹内峠があって竹内街道が通る。この二上山がもとは天上にあったといい、それに天忍雲根命が関係する。

中臣氏が代々伝えたものに「中臣寿詞（よごと）（天神寿詞）」がある。この記事が、保元の乱の立て役者・宇治左大臣藤原頼長の記録『台記（たいき）別記』に見えるが（康治元年（一一四二）十一月条、近衛天皇の即位大嘗祭に祭主・大副の大中臣清親が奏したもの）、それに拠ると、天孫降臨の時に父・天児屋根命の命により、天孫・ニニギ尊への供膳祭儀でその世を寿（ことほ）ぐため天都水（あまつみず）を天二上から**浮雲**に乗って持ち帰ったのが天忍雲根神とされる。たしかに、『書紀』の天孫降臨の段には、「日向の襲（そ）の高千穂峯」に降りた後に「串日の二上の天浮橋」から国見をした（一書第四には「日向の襲の高千穂の串日の二上峯の天浮橋」から国見と記）、とある。

この取水伝承を大和で受けたことで、大和の二上山の雄岳山頂には葛木二上神社があって、祭神は豊布都霊神・大国魂神（一に武甕槌命・大国主命）とされる。北側の穴虫ないし逢坂には大坂山の神が鎮座し（大坂山口神社）、それが鹿島神の建御雷神とするのが妥当だと先に述べた。二上山の麓にある當麻山口神社では、末社・春日若宮神社に天忍雲根命が祭られるが、この神社は往古、二上山頂に奉祀されていた（『当麻村誌』）。余談だが、同山頂には、鵜野皇后（後の持統女帝）と不比等の策謀により死を賜わった大津皇子の墓もあり、中世には木沢長政が山頂の神社を中心に城を築いている。

雄岳西南に位置する**雌岳**には、近世まで水神（竜王社）が祀られ、二上山から流れ出す水で用水する山麓の村々は岳郷を形成して、当山に雨を祈った（『奈良県の地名』）。

以上の諸事情から見て、二上山の神は水神の性格も併せもつ鹿島神・建御雷神で、それが天忍雲根神に当たることになる。しかも、天忍雲根命は、上記の功績・伝承から、「天牟羅雲命、天二上命、後小橋命」という三つの名を賜ったという（「真年本総系」など）。中臣氏にとってこれほど重要な神が「天忍雲根命」である。その名が『書紀』には全く見えないのだから、不比等・大島が記紀神話に関与し造作したとみるのは、大きな無理がある。

武甕槌神が「伊豆国造系図」等では天児屋根命の父神と認識されるが（春日大社の祭神も同様な趣旨で、そのため別途、春日若宮神社が創祀されたか）、ここで別の位置づけもでてきた。二上山に絡む伝承・祭祀と武甕槌神の行動時期などを考えると、国譲り交渉に見えるタケミカヅチとは、その実体が天児屋根命の子の天忍雲根命の別名だと分かる。別名の「牟羅雲」が「村雲」だと、宝剣の名の「天村雲」にも通じそうである。本書の最初のほうで春日大社の祭祀を見たが、御蓋山の山頂にある摂社・本宮神社が武甕槌命の浮雲峰に天降られた神跡と伝えられる事情にも符合する（武甕槌神の名が二神に分化したわけだが、これは、私にとって思いがけない結論になった）。

『万葉集』には、「二上に隠らふ月」（「惜しけども」に掛かる詞）という歌（歌番二六六八）がある。持統三年（六八九）に早世した草壁皇子への柿本人麻呂の挽歌（歌番一六七）のなかには天孫降臨神話が詠みこまれ、「天つ水」「望月」「日月」も見える。「天忍雲根」の神は、持統五年（六九一）に中臣大島が「天神寿詞」を読む当時に造作された神名ではなかった（挽歌が後に持統に献呈されたとしても、六九二年が下限で、既に取水伝承があった）。

興台産霊と津速産霊

天児屋根命の父神・興台産霊（こごとむすび）の二代先（祖父）に当たる神が津速産霊（ツハヤムスビ）とされており、この神の名も『姓氏録』では中臣氏族の遠祖神で見える。ここまで遡ると、普通に考えれば、この祖神が実体をもって活動したとは受けとられない要素が強くなる。すなわち、イザナギ神が火神カグツチ（火産霊神）を斬殺したときに生じた神がミカハヤヒ、ヒノハヤヒ及び武甕槌神の三神（一に武甕槌神の祖神）やヤマツミ（山祇）八神というが、津速産霊が火神カグツチの子か同体に相当する趣があるからである。中臣氏は山祇族の流れをくむが、この種族にあっては、縄文時代から日本列島に在って原始的な焼畑農業を営み、狩猟を生業としたから、火や月を神格化した神々はたいへん重要で、いわば究極の神でもある。平田篤胤が藤原氏の祖神・津速魂神とは火産霊（ほむすび）神だと既に説いている。

こうした事情だから、津速産霊から更に先の遠祖神まで遡ることは、あまりに抽象的で意味がないとも受けとられるが、平安前期の『姓氏録』編纂時には、既に天御中主神という大祖神まで遡る神統譜の意識がでていたから、参考までにあげる。その場合、一般に「天御中主神の六世孫が津速産霊神」とされる（系譜は「天御中主神―天八下尊―天三下尊―天合尊―天八百日尊―天八十万魂尊―津速産霊神」）。かつ、「津速産霊神の三世孫が天児屋根命」（『姓氏録』左京神別・藤原朝臣条）とされるから、「天御中主神の九世孫が天児屋根命」となり、こうした世代計算が『姓氏録』の中臣氏一族の記事の基礎にあるので留意される。

中臣氏の遠祖神としては、武甕槌神や天児屋根命あたりが活動の実体をもった最初とされそうだが、母系の伝承まで考えれば、抽象神の津速産霊から流れをとらえてよいかもしれない。これら遠祖神たちの当時の居地、すなわち中臣氏の源流の地がどこかという問題については、概ね九州の筑後川中流域あたりとしておいて、別途、後ろで検討する。

七　月神を祀る種族

山祇族の月神祭祀

天皇家など天孫族系統の諸氏には、祖神天照大神が太陽神とされるように日神信仰があった。一方、古代には月神の祭祀・信仰をもつ種族、諸氏もあり、それが日本列島で古来原住した山祇族の流れを汲んでいた。この辺から中臣氏族の源流を考えていこう。

日・月として自然界では両者が並ぶ存在ながら、記紀には月神の話しは殆ど見えない。記・紀ではイザナギ神により生み出されたのが月読尊（月夜見尊）であって、天照大神・素戔嗚尊の兄弟神にあたるとされ、月を神格化した神とみられる。あとは『書紀』四神出生の段（第五段第十一）の一書で、穀物の起源に関連して保食神（食糧の神）を殺す話として語られる神（『記』ではスサノヲ神の役割）というくらいで、子神の有無さえも伝わらない。

ところが、月神を祀る神社は、壱岐や京都の月読神社（名神大社の葛野坐月読神社で、松尾大社の摂社。京都市西京区松室山添町）、丹波の桑田郡の小川月神社（京都府亀岡市馬路町。近隣の葛野系か同郡佐伯郷の隼人関連）、山城の綴喜郡の月読神社（共に名神大社）など、全国にかなりある。伊勢神宮でも内宮別宮の月読宮、外宮別宮の月夜見宮があって（共に式内社）、光仁天皇の時代に暴風雨が吹きすさぶのが伊勢の月読神の祟りだと卜占に出たので、荒御魂として馬を献上した（『続紀』）。これら月読神の祭祀には中臣氏が関わっていたと、大宝元年四月丙午の勅（『続紀』）を引いて、井上辰雄氏が指摘する（「大化前代の中臣氏」）。

信濃の姨捨山（冠着山。千曲市などにまたがり、長野盆地南西端に位置）にある冠着神社の祭神も月夜見尊と言われる。これは、紀伊国造同族の大伴氏一族の信濃居住と関係するとみられ、同国佐久郡には式内社の大伴神社も鎮座する。その近くには蓼科神社があり、高皇産霊尊を祀る。大伴氏の流れを汲む一族が、信濃最大の官牧で名馬の産出で名高い望月牧の牧監として古代から勢力を貯えていた。牧長の地位にあった「望月」氏の名の由来は、朝廷が八月二九日に行っていた信濃国の貢馬の「駒牽」の儀式を、九世紀半ば過ぎに満月の日（＝八月十五日。望月）に改めたことに因る。戸隠神社の祭神も天手力雄命である。

ここまで、古代諸氏族の一統合体として山祇族という語を用いてきたが、日本列島に古来原住の種族について、広い範囲で「山祇種族」（縄文人。クメール種族＝久米・狗奴＝肥人）というとき、佐伯・国栖・土蜘蛛、南九州の隼人（ただし、熊襲は別種）や陸奥の蝦夷も、この種族に含まれる。

古代の隼人にあって月神祭祀は顕著であり、それが、畿内で隼人が居住した山城国綴喜郡の月読神社及び樺井月神社という式内社にも現れる。これら月読神社は京田辺市大住に鎮座するが、「大住」は南九州の大隅である。隼人の原郷、大隅にも大きな月読神社が二つある。一つは旧県社（鹿児島市桜島横山町。もとは南隣の桜島赤水町で、愛宕山の近隣）で西桜島地区の総鎮守であり、もう一つは旧郷社（鹿児島県肝付郡串良町有里）で串良総社とも一之宮大明神とも称され、ともに江戸期に島津家（薩摩藩主・串良城主）が篤く崇敬した。薩摩半島のほうでも、西南部一帯には「オッッドン（お月殿で、（月神の意）」と呼ぶ神が点々と見られ、その祭事もある。鹿児島県全域及び熊本・宮崎両県の南部には、八月の満月の下での十五夜綱引や十五夜相撲という特殊な習俗も分布する（小野重朗氏の研究）。

陸奥でも、津軽地方に旧郷社の月読神社（青森県つがる市木造蓮川〈旧西津軽郡木造町〉）があり、当地の産土神であった。木造には縄文時代晩期の集落遺跡、**亀ヶ岡遺跡**があり、宇宙人模写という説まである「遮光器土偶」（重文指定）が出土した。この遺跡出土品に代表される様式の土器が北海道南西部から東北地方一円まで広域に分布し、これを亀ヶ岡文化と言う。同じ岩木川流域の上流部、同県平川市小杉西田にも同名社があり、津軽には洗磯崎神社（五所川原市）もあって、日神・月神・死神の三神体（遮光器土偶像）を天神・地神・荒吐神として祀ったといわれる。出羽三山の一つ、月山にも月読神を祀る名神大社・月山神社がある。その創祀は崇峻天皇の皇子の蜂子皇子によると社伝にいい、この皇子の母は山祇族の流れを汲む大伴氏の出であった。月山神は上古からの蝦夷地における

亀ケ岡遺跡（青森県つがる市）から出土した遮光器土偶（重文）＝東京国立博物館所蔵＝
Image: TNM Image Archives

山の神として崇敬された基礎にもあってか、同名社は東北地方に多い。

　こうした諸事情があるから、月神の祭祀と縄文人の関係には無視できないものがある。ともあれ、上記京都の月読神社の起源は壱岐にあったと『書紀』に見えるので、壱岐・対馬の月神関係社について次ぎに見ることにする。

壱岐の月神及び対馬の日神の託宣―壱岐・対馬の卜部

五世紀末頃に、壱岐に月神、対馬に日神の祭祀があったと『書紀』に見える。顕宗三年二月条に拠ると、阿閉臣事代（あへのおみことしろ）が任那に使いしたときに、（壱岐で見聞した事情として）、月神の託宣があった。それによると、高皇産霊を自らの祖という月神が人に寄り憑いて、「民地を神田として寄進し、我に奉仕すれば福慶があろう」と託宣したことで、これに従い山背国の葛野郡の歌荒樔田（うたあらすだ）に社を建て（後に松尾南山に遷座）、壱岐県主の祖・押見宿祢（おしみ）に祭祀させたという。これが山背国の月読神社の由来であり、壱岐にも月読神社が存在し、山背の月読神社の元宮といわれる。続いて、その二か月後には、こんどは日神が憑いて、大和の磐余の田を祖の高皇産霊に献上せよと託宣した（と対馬で聞いた）ので、事代はこれも奏上し、言葉のとおりに田を神に献上し対馬の下県直が奉仕した、と見える。『旧事本紀』「天神本紀」には、対馬県主の祖が天日神命、壱岐県主の祖が月神命と記される。

　壱岐の月読神社（壱岐市芦辺町の箱崎八幡か月読神社に比定）にもともと奉仕していたのは壱岐の卜部であり、押見宿祢はその祖で、系図には中臣氏の真根子命の曾孫とされる。その子が継体天皇朝に壱岐島造に任じられた上毛布直で、子孫に壱岐直や壱岐卜部があって、山城の月読宮を代々奉仕した。これが伊岐宿祢姓の松室氏で、大蔵大輔伊岐致遠の娘は二条天皇の宮人となって六条天皇を生んだ。真根子命からは対馬下県直も出たと系譜にある。

この真根子命は、応神紀九年条に「壱伎直の祖・真根子」と見えて、武内宿祢の冤罪をかぶって自死したとされる。『姓氏録』右京神別の壱伎直条には、天児屋命の九世孫、雷大臣命の後とあるから、「真年本総系」などに見るように、中臣氏の雷大臣命の子が真根子だと一般に解されている。鈴木真年採集の対馬卜部の系図（『百家系図』巻五五の「占部系図」）には、対馬下県直氏から津島直・直宿祢や卜部が出て、対馬の卜部からは筑前の宗像神社の有力祠官、占部氏が出たと記される（宗像市域の旧上八村に居住）。その支流は同国遠賀郡岡垣町にある高倉神社の祝職もつとめた。壱岐の卜部の流れには、貞観五年（八六三）に卜部宿祢から伊伎宿祢に改姓した是雄・業孝がいる。この是雄の賜姓記事（『三代実録』同年九月七日条）では、雷大臣を先祖とすると見え、中臣氏族とされる。

一方で、壱伎直や対馬下県直を雷大臣命の子孫とする所伝には疑問もある。というのは、「国造本紀」には、「伊吉島造　磐余玉穂朝（継体朝）に石井（筑紫君磐井のこと）に従う新羅海辺の者を伐った（功績のある）、天津水凝の後の上毛布直を造とする」と見えており、上毛布直（その祖の真根子も）が「天津水凝」の後裔だとされる。同書には、津嶋県直についても、「橿原（神武）朝、高魂尊の五世孫、建弥己々命を直となす」とあり、由来は神武朝以前に遡る。太田亮博士も、中臣氏族とする系譜は仮冒で、高皇産霊神の後裔、月神命の子孫の壱岐県主の一族とみている（『姓氏家系大辞典』）。

ここで、両島卜部の祖先がどこから出たかを、改めて考えてみよう。

「国造本紀」の「建弥己々命」については、「天津水凝」と同神とみられ（「弥己々」は「弥己呂」の誤記か転訛で、ミコロはミコリ〔水凝〕と同義）、対馬・壱岐の卜部は同族だとみられる。『延喜式』神名帳には、壱岐嶋壱岐郡に高御祖神社があり、対馬島下県郡に高御魂神社・阿麻氐留神社があって、それぞれの島造・卜部の一族が奉斎した。ただし、「高御祖神、高御魂神」とは、天孫族・皇室の遠祖神の高皇産霊尊とは別神だとみられ（津速産霊と同神か。後述）、上記の顕宗三年紀の記事と符合する（日神・月神の両神を山祇族は祭祀）。

これらの事情は、両島卜部の祖が応神朝より遥か昔から現地にあったことを示唆する。『新撰亀相記』には、「壹岐島卜部の上祖・天比豆都柱命、対馬島直之上祖・押胆命が天児屋命の亀卜奉仕に陪う」と見え、高天原時代の話しに史実原型があるのなら、早くも天岩戸事件のときにこれらの先祖の活動が見えて良い（「天比豆都柱、天一柱神」とは、イザナギ・イザナミが生んだとされる国土神で壱岐の別名。天比豆都柱命と押胆命とはおそらく同神）。

対馬の古社（式内社とその論社）で目立つのは、海神族系族の「和多都美神社、海神神社」及び中臣氏族系の神社のほかでは、雷命神社・霹靂神社という雷神、多久頭神社・天神多久頭多麻命神社という紀伊国造・大伴連の遠祖関係の神社で、これらが豆酘や阿連、佐護に鎮座する。豆酘は下県直の本拠とみられ、多久頭神とは天手力男命（九頭竜神）のことであり、その父神が天雷命であるから、この親子神が両島卜部の祖先とするのが自然である。雷命神社祠官の藤氏は、対馬総宮司職を世襲し津島直姓を称したという。

下県郡豆酘の多久頭魂神社は、遥拝する龍良山に祭祀跡があり、山の北麓には天道法師祠があって、両部神道の時代には多久頭魂神は「天道法師」とされた。対馬に固有の天道信仰では、天道（天童）が日神の子で、赤米の穂をもたらしたとの伝承もあり、祭祀に豆酘で栽培の稲原生種に近い赤米（黒米）が用いられた。不比等の墓がある大和・多武峰の談山神社や種子島のの宝満神社でも神事に赤米が使われる。これも山祇族の風習であった。

壱伎直の祖を雷大臣命と伝えるのは、その名が遠祖の「天雷命」から転訛・混同されたとみられる。紀伊国造と中臣氏とは、山祇族系統から出た同種族で、神代には通婚もあった。天児屋根命の母が「安国玉主命の娘の許登能麻遅（ことのまち）媛」と伝えるが、この名が夫の名「興登（こと）産霊、あるいは櫛真智（まち）」に通じており、「安国玉主命」とは紀伊国造及び大伴連・久米直の共通の祖「安牟須比命」であった。大伴氏の始祖神とされるのが「高御魂神」で、安牟須比命の父とされるから、この神が世代的に中臣氏の始祖神の津速産霊に対応する（津速産霊は高皇産霊、神皇産霊と兄弟とする所伝もある）。この両神は、実態は同一神であろう（『姓氏録』右京神別の伊与部条に「高媚牟須比命三世孫天辞代主命」と見え、後者が天児屋根命なら前者は津速産霊に対応する）。中臣・大伴両氏間では、鎌足の父の代以降に通婚がかなり見える。

「高御魂神」という表記は、対馬の下県郡に高御魂神社（名神大社。対馬市厳原町豆酘）として見えると共に、大和では添上郡に「宇奈太理（うなたり）坐高御魂神社」（式内大社）として見える。後者は現在の奈良市法華寺町に鎮座する同名社が論社とされるが、春日大社へ勧請された井栗社のほうを比定する説が有力だといわれる（おそらく後者が妥当か）。後者の式内社は、『書紀』によると持統天皇六年（六九二）二月に新羅の調を伊勢・住吉・紀伊・大倭・菟名足（うなたり）の五社に奉ると見えるから、その有勢ぶりが分かるし、この神社の神戸は「正倉院文書」の天平二年（七三〇）「大和税帳新抄格勅符抄」にも記載がある。平安中期には、菟足社神主として大中臣良実や大中臣朝臣忠正が見える（「東南院文書」等）。

上記顕宗三年紀に見える大和の磐余で対馬下県直が奉仕した神社は、大和国十市郡の目原坐高御魂神社二座（式内大社）と一般にみられている。これは妥当として、その比定社を定めるのが難しい。論社の一つが橿原市木原町に鎮座の現在の耳成山口神社（もと天神社）とされ、祭神が大山祇命・高皇産靈神であるのは興味深い。木原町は耳成山を含めその西側周囲地域で、もとの目原坐高御魂神は合祀ないし転退、消滅したものか（『大和志』等による同市太田市町の天満神社にあてる説も有力なようだが、磐余の地から考えると北へ寄りすぎで、疑問。耳成山口神社は別途、式内社に掲載あり）。

平安中期に『往生要集』を著して浄土教の興隆に貢献した名僧源信（恵心僧都）は、葛城郡当麻郷の卜部氏の出（占部正親の子）という。この卜部一族は出自不明も、十市郡に居た下県直の族裔か。葛下郡石園の多久豆玉神社も、対馬卜部が関与したかもしれない。

このように、山祇族関連の「高御魂神」は、本来は天孫族の祖神・高皇産霊尊（高魂命）とは別神であったのが、名前の類似で両者が混同されたものであろう。紀伊国造が日前宮で祀った日像鏡（日前神）は太陽神であっても、皇祖神とは違うものだった。対馬・壱岐の卜部の系譜は難解であるが、紀伊国造の同族とするのが穏当なところとみられる。

ちなみに、紀伊国造の一族には、紀ノ忌部（紀伊国那賀郡御船明神社祠官の在井）、忌部造、忌部宿祢（田屋、森などの諸氏）、讃岐ノ忌部、忌部宿祢（讃岐国大内郡引田八幡宮祠官の中山氏）、紀神直、紀忌垣直、神奴君、神奴など、神事関係とみられる諸氏もかなり見える。

以上で、この関係について一応の整理ができたのではなかろうか（対馬の国造〔島直〕・卜部の系譜は難解で、建弥己々命を天孫族系の出雲国造一族とする系譜もあり、『古事記』にもこれと同様な記事〔天菩比命の子・建比良鳥命が津島県直等の祖〕が見え、これに中臣氏族系、紀伊国造系も混然として迷わされるが、上古以来、一系であって紀伊国造同族系と考えるのが妥当なところ。日神を祀る日奉部〔日祀部〕が敏達朝に設置され、大伴氏一族にも日奉部を職掌とした氏があるが、中臣氏には端的なものは見られず、日奉部への関与が少なかったか)。

山祇族の源流の地

課題の中臣氏の源流の地は、もっと広く山祇族系統諸氏の源流の地として探索するのがよいと考えられる。大祖神たる津速産霊ないしカグツチ神あたりが居た地はどこかという問題である。この関係の手がかりはいくつか考えられるが、その第一は天孫族系統との通婚であり、第二は同族の紀伊国造やその祖の安国玉主(安牟須比)という名前である。

第一の通婚について、「真年本総系」では、天児屋根命の娘の万幡(よろずはた)千々比売命に「天忍穂耳后神也」と記される例がある。記紀ではほぼ共通して高皇産霊(高木神)の娘が天照大神の長男・天忍穂耳命の妻となって火明命及びニニギ尊を生むと記すが、『書紀』では名前表記や係累に異伝が多く見えて、収拾がつきがたい。そこで、これらを整理して、「高皇産霊の娘で、思兼神の妹の万幡千千姫(栲幡千々姫)」と考えておく。その場合、「高皇産霊」とは皇祖神のほうではなく、中臣氏等の祖神・高御魂神の称であり、本件ではとくに思兼神(天児屋根命)の父神(一に「天香語山神」とする)を指すとしておきたい。

要は、中臣氏祖神の娘が天孫族と通婚して、天降りの主人公のニニギ尊を生んだ。ニニギ尊自体も、大山祇神の娘・鹿葦津(かあしつ)媛(木花開耶姫(このはなさくや))と婚して火遠理(ほおり)命(山幸彦。神武の父)等を生んだと伝える。一般名称に近い「大山祇神」の実体について、具体的な比定の見解をとくに見ないが、中臣氏関係者ではなかろうか(世代対応を考えれば、天児屋根命その人か)。

こうして見れば、中臣氏祖系の人々は初期天皇家の神代祖系と二度重ねて通婚しており、高天原王権（年代的に見て、邪馬台国の前身）を大きく支えた存在であった。当時の「高天原」は筑後川中流域の盆地を主領域にして、本拠が高良山の北麓一帯（筑後国御井・山本郡。現・久留米市域）にあって、その近隣に山祇族のこの一系も居住した、とみられる。

第二に神名・地名からの考察であるが、「安牟須比」の「安」とは筑前国夜須郡に通じ、これも筑後川中流域でその東北部であるが、当時はもっと広域という可能性もある。その場合、「紀伊」に通じる肥前国基肄（きい）郡に目が向く。現在の佐賀県三養基（みやき）郡基山（きやま）町一帯であるが、その北境の基山（きざん）という山に注目される。南方の高良山とともに、中流域の盆地を押さえる重要地点で山頂からの展望も良いから、白村江での敗戦の後に唐に備えて朝鮮式山城として基肄城や大野城（福岡県大野城市）、鞠智（きくち）城（熊本県菊池市）などが築かれた。

基山の遠景

基山は標高四〇五メートルで、あまり高いとはいえないが、山頂には荒穂（あらほ）神社という式内社が鎮座する。ここで祀られる「荒穂神」はニニギ尊ともされるが、実体が不明で、月神関係ではないかともみられる。同名の神社が、基山町宮浦のほかに、同県藤津郡の旧・多良村にもあって、この関係の解明に資すると思われるので、この検討を行う。

藤津郡の同名社は、いまは合祀して太良嶽神社（藤津郡太良町多良）というが、合祀の際に多良岳頂上（この地域の最高峰で標高九九六メートル）の多良嶽神社を上宮として残した事情がある。ところで、『筑前国続風土記』には、元社と思われる基山の荒穂明神について、「五十猛神なるべし、瓊瓊杵尊とは俗の付会せる説なるべしといへり」と記される。一方、藤津郡のほうでは、上宮の祭神に五十猛命の名がなく、素盞嗚尊とされる。『佐賀県神社誌』によれば、和銅年間以前の鎮座とされる頂上の多良嶽神社の祭神を大山祇神と記される。多良は、地名の通り古代タタラ製鉄が行われた地域であり、水銀の丹生神社も藤津郡には多い。この太良町の北隣がなんと鹿島市（藤津郡鹿島町などが合併）なのである。

常陸の鹿島に通じる肥前の杵島郡とその隣の藤津郡は、紀伊国造同族の葛津立国造の領域であった。「国造本紀」には、成務天皇朝に「紀直同祖で、大名草彦命の子の若彦命」がこの国造に定められたと見える。『肥前国風土記』の藤津郡条には、景行天皇の巡行に随行した「紀直らが祖・穉日子」を派遣して、土蜘蛛を討伐させたと記される。若彦命はこの地に定着して、子孫は葛津立国造や大村直となった。戦国・幕藩大名の大村氏は藤原純友の後裔と称したが、実際には古代国造の末裔であった。

同風土記の杵島郡条には、もとは「カシシマ」と命名されたと見えるが、『常陸国風土記』の行方郡条では国栖討伐にあたった建借間命（多氏族で仲国造の祖）が部下に「杵島ぶり」を七日七夜も歌わせて、敵方を安心させる策略を講じている。「杵島曲」とは、肥前の杵島山の歌垣で唱われる民謡であって、春秋に男女が集い、酒などを神に供えて求愛の歌謡・舞を行う習俗があった。歌垣は分布は古代日本のほか、現代でも中国南部からインドシナ半島北部の諸民族に残るから、日本列島古来の山祇種族の習俗とみられる。

白石平野の西端に位置する杵島山は、周囲の平野から島状に浮かんだ三つの峰が南北に連なる地形で、古くから信仰の山として知られ、その山頂（標高三四五メートル）から東南側の中腹には杵島山歌垣公園もある。古代の常陸でも、筑波山などで歌垣が行われた。杵島山の南側中腹には「水堂」さんがあって、その昔、白鹿を弓で射ったところ、矢が石の観世音に刺さり、そこから水が出たといわれる。杵島山の西南側に突き出た標高六六メートルの独立丘陵、おつぼ山には「おつぼ山神籠石」（古代朝鮮式山城の一種だが、築造時期は不明）がある。神籠石は、白村江戦の後の朝鮮式山城とは築造年代に違いがあって、年代的に相当古いと私はみている。もっとも、朝鮮式山城のなかには神籠石の旧地辺りに築かれた可能性や同一視もあって、基肄城のある基山の南麓、基山町の南部には「皮篭石」の地名も残る。

基山には荒穂神の馬が基山の頂上より飛降りた石というものがあり、このいわれが斎祭の起りと伝える。一方で、月読神は馬に乗ったという。先に、伊勢の月読神が祟りをしたという占いの卦が出たので、荒御魂として馬を献上したという『続紀』の記事をあげたが、『皇太神宮儀式帳』には「月読宮一院」の祭神として、「月読命は、御形が馬に乗る男の形であり、紫の御衣を着て、金作の太刀を佩く」と記される。

藤津・杵島両郡の話しを少し長く書いたが、要は基肄郡の基山が月読神と山祇族に縁深いとみられることを記した次第である。この事情を踏まえると、基山の南麓一帯が中臣氏族・紀伊氏族の原郷ではなかったろうか（ほかには、天上のカグヤマが銅など金属を出す山だとすれば、筑後川中流域では、高良山支峯の吉見岳くらいしか見当たらない）。

大和の香具山は月の山

月神に関連して、大和の香具山についても調べてみよう。

香具山は、『伊予国風土記』逸文の天山条によると、もとは天上にあったのが二つに分かれ地上に降りてきて、一つが大和の天加具山になり、もう一つが伊予国伊予郡の郡家の東北にあって、天山の名がつけられた（その御影は久米寺に奉納、と後人の追記）、と伝える。

伊予のほうは、旧久米郡域、現・愛媛県松山市天山の地にある孤立丘（標高四九メートル）で、山祇族系の流れを汲む久味国造（大伴氏同族の久米氏一族）の領域にある。山頂近くに鎮座する天山神社の縁起によると、祭神は天照皇太神・天櫛真知命とされる。近隣には、伊予市上野宮神戸郷の伊予神社（伊予郡の名神大社・伊予神社の論社）があり、祭神が月夜見尊である。社伝では、太古、神戸郷の御谷山に大山積神によって天御中主神を祀る古社があるといい、当社周辺には、銅鉾・石器などの弥生遺跡と三角縁神獣鏡などを出土する古墳群の複合遺跡がある。

ところで、上記の伝承の「天上」は、九州北部をさすとみられる。佐賀県には筑紫山地に属する天山（標高一〇四六メートル）があり、天山神社（小城市小城町。国史見在の古社で、現祭神は宗像三女神）もあって雨乞いが知られる。大和・伊予に天降りしたのは、別の天山であろうか。同県の基山の北側は福岡県筑紫野市で、そこには大字の地名・天山（その北の宮地岳には古代山城の阿志岐城もある）と天拝山という山もある。筑後川上流域には香山（福岡県朝倉市杷木町）もある。天岩戸事件では天

大和三山。右から耳成山、畝傍山、天香具山（三輪山麓より）

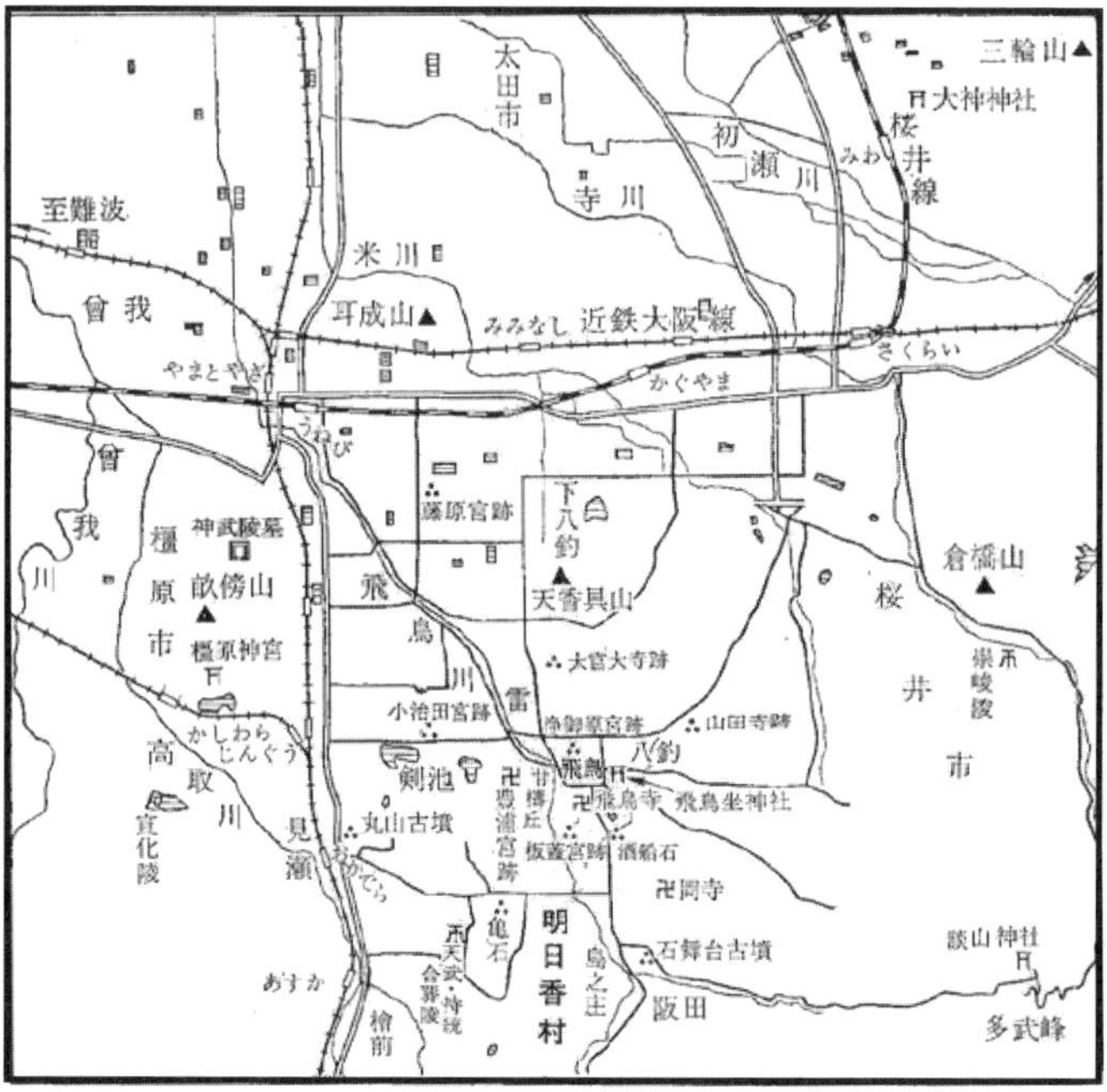

大和三山と飛鳥の周辺図

香山の榊（及び一書では金属）を用いたと『書紀』に見えており、「天上の天山」は筑後川中流域の盆地を囲む山のどこかであろう。

大和の香具山について、記紀や『万葉集』には月の山だと端的に示す記事はない。しかし、三浦茂久氏の研究（『古代日本の月信仰と再生思想』、二〇〇八年刊）によれば、月の山という前提で見れば解釈できる素材はある。例えば、『古事記』に倭建命と尾張の美夜受比売とが交わす歌があり、そこには、姫の月経血が衣服の裾に付着していたことで、「ひさかたの天の香具山…襲の裾に月立ちにけり」と詠んだところ、その返歌に、「…あらたまの月は来経往く…我が著せる襲の裾に月立たなむよ」とミヤズ姫が詠まれた、と記される。ここで「天の香具山」が登場する訳は、それが月の山だからだと三浦氏が言われる。

また、『万葉集』にある中大兄皇子の大和三山の歌一首（巻第一の十三番）を引いて、香具山が月の山だと補強する。それは、「香具山は畝傍を惜しと耳梨と相争ひき…」という有名な長歌に反歌「わたつみの豊旗雲に入日さし　今夜の月夜さやけかりこそ」が添えられるが、反歌に月が出てくる理由を大伴家持は分からなかったが、香具山が月の山だからこそすっきり解釈できると言われる。こうした三浦説には、私見でも納得している。

香具山には「月の誕生石」（月輪石）の名で信仰されてきた特別な巨石も存在する。

鎌足祖先の居住地と関係氏族

神武による初期大和王権の成立とともに、中臣氏族の祖先たちは、王権のお膝元、橿原近隣の地に住みついた可能性が大きい。当初の王権の領域は奈良盆地の南半分ほどであって、その範囲に居住したとみられる。そこでの祭祀の中心が香具山（香久山、天指山）であろう。『奈良県の地名』（日本歴史地名体系30）にも、「大和朝廷の祭祀を担当した中臣氏に関連の深い山で、同氏の居地がこの山の付近であったと推定されている」と記される。

大和の香具山については、『書紀』に、神武天皇が天香山社の埴土で土器を造らせて天神地祇を祀ったと見え、崇神朝には謀反者・武埴安彦の妻が香山の土を「倭国の物実」として盗み取ろうとしたと見え、呪力があるとみられていた。天香具山の付近に赤埴山という小丘があって埴安伝承地の石碑が建っており、『磯城郡誌』には「赤埴山。香久山の西北に接続し、全山赤色粘土なれば赤焼土器に適するならん」と記される。香具山の頂には中臣氏遠祖神（天香山坐櫛真命神社）が鎮座しており、山祇族の始祖神たる火神の名が「カグツチ（迦具土）」というのも、「迦具＋土」として「香具山＋埴土」という意味に通じる。以上の諸事情から、火神・月神と中臣氏とが密接につながることが分かる。

ところで、中臣氏の初期分岐の諸氏のなかに、先に見たように、飛鳥直・畝尾（うねお）連があげられた。両氏は、香具山周辺からその南方の飛鳥にかけての地域に起こった。

飛鳥直は、高市郡飛鳥（明日香村飛鳥字神奈備）に鎮座する飛鳥坐（あすかにます）神社（式内名神大社）の上古以来の宮司家で、現在にまで至っている。民俗学者・歌人の折口信夫（釈迢空）は、祖父・酒造ノ介（みきのすけ）が岡寺前の岡本家からこの宮司家（当社第八一代宮司という飛鳥助信）の養子に入ったことがあり、これを誇りにしていて、その歌には、「事代主　古代の神を祖とする　いとおほらかなる　系図を伝ふ」というのがある（『古代感愛集』）。

飛鳥氏では、『姓氏録』大和神別の飛鳥直条に「天事代主命の後」と記載されることから、中臣氏族の出という系譜を早くに忘却し、同社で奉斎する現在の祭神は事代主神・高皇産霊神などとする。境内には、江戸期に式内社の飛鳥山口坐神社が遷座したが、祭神には大山津見命・久久乃之知（くくのち）

飛鳥坐神社（明日香村飛鳥）

命（樹木の神）などがあげられる。飛鳥家は現在、第八七代の宮司というが、崇神天皇から神主の太宗直比古命が飛鳥直の姓と神戸・神地を賜ったと所伝にいう。その「世系図」では、天事代主神から数えて八世にあたるのが太宗直比古命とされるが、「真年本総系」に見える建稲穂命に当たり、天事代主神（櫛真智命）の八世孫に位置する（天波与命を除外した場合）。同書には、建稲穂命が祀ったのが飛鳥大神とされるから、これが天事代主神と分かり、この一族により飛鳥の地が古く開拓されたのであろう。飛鳥坐神社の西方近隣に甘樫丘があり、その北側が豊浦で、その北に雷の地名もある。

藤原鎌足誕生地が明日香村小原の大原神社の現在の鎮座地だと伝える。京都市西京区大原野南春日町には大原野神社があるが、創祀は桓武皇后の藤原乙牟漏（おとむろ）による春日社の分霊勧請である。また、葛城地方から二上山の南側を抜ける竹内街道で河内に入ると、春日・飛鳥という地名が見える。これら地名も中臣氏に関係したものだったか。

畝尾連のほうは、香具山が東・北へ畝尾が長いことから付近が畝尾と称された地域の居住に因む。先祖とされるのが伊世理（いせり）命で、湖北の天羽衣伝承に見える梨迹臣命・臣知人命の末弟におかれて「真年本総系」等に見える。この氏が、山の付近にある「天香山坐四処神社」の奉斎に関与したとみられる。四社とは、山頂の①天香山坐櫛真命神社のほか、②畝尾坐健土安（たけはにやす）神社、③畝尾都多本（つたもと）神社（橿原市木之本町。哭沢女（なきさわめ）神を祀る）、④坂門（さかと）神社（橿原市中町の阪門神社。現祭神は春日大社四神と同じというが、疑問）である。

②の健土安神社の祭神は健土安比売命で『古事記』に見え、イザナミ神が火之迦具土神を生んで

病臥していた時に、尿から生まれたのがハニヤスビコ神・ハニヤスビメ神であって、土の神である。③の祭神・哭沢女神は、火神カグツチを生んで急逝したイザナミを悼んだイザナギの涙から誕生したと伝える。④の坂門神社のほうは、『常陸国風土記』香島郡条には、天の大神の社、坂戸の社、沼尾の社の三所を合わせて「香島の天の大神」と総称されたと見える。いまも鹿島神宮の摂社に坂戸神社がある（天児屋根命を祀るというが、飛鳥直・鹿島連等の外祖にあたる額田部連祖・阪戸毘古を本来、祀ったか）。

学究には、鎌足の祖系がもとは河内にあった中小豪族で、推古朝頃に地位を急激に高め大和に進出したとする見方もあるが、大和の要地に簡単に入ることは考え難い（仮に一時期、河内に在ったとしても、飛鳥辺りに縁由をもつ必要があろう）。この辺は、古来代々の多くが、畝尾から飛鳥あたりの地域に居住したとするのが自然であろう。その場合、祖系は崇神前代に分岐の畝尾連の流れという可能性もあるしれない。そう考える事情は二つある。

その第一は、鎌足の祖父・常盤連の弟にあげる伊波礼（いわれ）連（一に阿礼波連）の子のなかに小神連をあげて畝尾連の祖と記す系図（中田憲信編『各家系譜』第七冊の「四条家系譜」など）があることである。

阪門神社（橿原市中町）

畝尾連は『姓氏録』の左京と和泉の神別に各一氏あげ、左京のほうは飛鳥直と同様、天コトシロ命を先祖として中臣氏族のグループには入らず、和泉では中臣氏族グループのなかに記される。氏人が平城宮出土木簡に畝尾連黒麿が見える程度である。

第二に、飛鳥直・畝尾連とは別に飛鳥地方から出た中臣氏があった事情である。それが、先にも見たが鈴鹿氏である。京都の吉田神社（左京区神楽岡）の有力社家で、中臣金連の後裔の吉子連が天平神護二年（七六六）に大和国鈴鹿豊浦から山城国神楽岡に移遷した、と伝える。実際には金連とは別系の中臣連の出とみたが、家名の「鈴鹿」が伊勢の鈴鹿郡ではなく、大和の「鈴鹿豊浦」に由来というから、飛鳥の豊浦の付近に鈴鹿という地名がかつてあったことになる（現在の地域は不明。「豊浦」は枚岡神社の近在にも地名がある）。

『住吉大社神代記』に拠ると、河内国石川の水を引いて造った用水路、「紺口（こむく）大溝」（『書紀』仁徳十四年条に所見）により上鈴鹿・下鈴鹿・上豊浦・下豊浦四処の原に潤して四万頃（「頃」は面積の単位）の田を開墾する、とあるから、河内でも鈴鹿・豊浦という地名が隣接していたことが分かる。同書の記事には、河内の錦織・石川・高向の近隣らしき「音穂」の地名も見えるが、これが『尊卑分脈』中臣氏系図に見える音穂臣命に関係がありそうでもある。紺口大溝と同様、石川から水を引く古市・丹比大溝もあって、これら大溝の流れる地域に注目する必要がありそうである。

鎌足の先祖とされる継体朝頃の黒田連（「連」は後世の付加か）、ないし先祖らしき音穂臣命より前の系譜は不明となる。私は、当初、畝尾連系ということも考えたが、名前に見える「臣」の文字や飛鳥豊浦との縁由等も踏まえると、仁徳朝以降に中臣本宗から分岐した中臣部祖という静子臣命の子、稚佐久良臣の兄弟に音穂臣という可能性も考えられる。

すなわち、黒田連以降でも、知られる通婚先の諸氏はいずれも氏族的地位が高くないので、鎌足の直接の祖系は同様な地位の中小氏族とされよう。仮に黒田の父ないし祖父が音穂臣だとして、この者の系譜は、常磐が欽明朝頃に初めて中臣連賜姓という所伝が史実であれば、中臣氏本宗家から分岐のケースは、a早くに崇神前代に分岐した畝尾連の系統、b分岐が遅いのなら中臣連賜姓の阿麻毘舎あたりの兄弟の後裔、という可能性がある。「音穂臣命」が黒田の先祖なら、名前に「臣」をもつ古い命名法にも注目され、それまでの姓氏は不明も、本宗から分岐以降は姓氏を賜らずに「占部」か「中臣部」のままの可能性もある。こうした諸事情を考え、一応、bケースのほうにやや傾いているが、a・b両説をうまく融合する見方がないものかと思案する次第でもある（静子臣命は偽書の「中臣宮処本系帳」に大小橋命の子と見えて多少気になるが、同書には稚佐久良臣が見えない。なお、音穂臣に関連し敷衍して考えると、河内国丹比郡には真人連公の後だと『姓氏録』河内神別に見える中臣酒屋連が居り、現在の大阪府松原市三宅中の酒屋神社（津速魂命が祭神。現在は屯倉神社に合祀）を祭祀したが、黒田連の近親から分かれたものか）。

中臣勝海連一族のその後

鎌足の祖系探索を一応、終えたところで、常磐連系統が台頭するまでは中臣本宗家であった勝海連一族のその後についても見ておく。この系統については、六国史も『姓氏録』などの史料も明確に記すものはないが、鈴木真年・中田憲信が明治期に集めた系図史料には勝海の後裔も見えるので、これを整理してみる。彼ら二人も、勝海連系統と常磐連系統とが一系でつながるように理解していたため、これを適切に区別・分離して見る必要があるが、なかなか判然としない。上記系図史料では、前者の系統は後世まで細々ながら子孫がつながった模様であるが、確認できない面が多く、一応の紹介としておく。

まず、勝海連の直系であるが、勝海には三子あったとされ、そのうち次子・古多比連の後が中臣宮処（みやところ）連、後に宮処朝臣として続いたという。推古紀に見えるのが中臣宮地連鳥摩呂で古多比連の子と系図に見えるが、『続紀』天平元年二月条に叙位が見える中臣宮処連東人については系図に見えない。その後は、氏人が六国史には見えないが、神祇官の役人や摂津国の長田神社の祠官家・大中氏として存続する。その一族の石田氏は後に同社から転退したが、播磨国明石郡の農民や明石藩の足軽となって続き、その後裔から中田憲信の妻となる女性も出た。勝海の末子の贄古連の後は中臣大家連・大家臣だという。

次ぎに、勝海連の弟とみられる磐余（伊波礼）連は、敏達十四年紀割注に中臣連磐余と見えて物部氏とともに排仏活動をしたとされる。その後には、村山連や平群郡片岡（北葛城郡上牧町の片岡台あたり）に起った方岳（かたおか）連（中臣片岡連）が出たと系図にいう。中臣片岡連五百千麻呂（いおちまろ）は藤原仲麻呂の乱のときの軍功で外従五位下に叙せられ、その後裔は永く片岡の地にあって中世は土豪として活動した。戦国末期には筒井順慶に属した片岡新助春利がおり、同甚右衛門、同弥五郎、同左衛門尉の片岡氏と共に『和州国民郷士記』に見える。

村山連は、『姓氏録』河内神別に見えて、正倉院文書（天平二十年）にも丹比郡狭山郷戸主の村山連浜足などが見えるから、中臣酒屋連の近い同族であったものか（その場合には、実際には伊波礼連の後ではなく、常磐連の弟の阿礼波連の後であったか）。村山連の祖の布忍連は、系図に磐余連（あるいは阿礼波連）の孫と見えており、その甥の安達は、『書紀』白雉四年（六五三）条に入唐の学問僧として見える。松原市北新町（上記の同市三宅中の西南近隣）には、事代主命・武甕槌命及び阿麻美許曽大神（実体不明。一に素盞嗚神という）を祀る布忍神社があるから、村山連が祭祀に関与したか、この地に居たものか。「事代主命」は、中臣氏族の祖と伝える天辞代命に通じる神であろう。丹比郡鎮座の式内社・阿麻美許曽神社（大阪市東住吉区矢田）は、素盞嗚命を祀るともいうが、昭和二七年の『神社明細書』には右殿が春日大神、左殿が事代主命を祀ると見えて、中臣氏族が奉斎した可能性がある。

丹比郡の現・松原市域には反正天皇の丹比柴籬宮があり、それが現在の柴籬神社（松原市上田七丁目）辺りと伝承されるが、この宮跡地に起ったのが中臣宮処連か（『姓氏録』には左京・中臣宮処連と和泉・宮処朝臣とがあり、河内に氏人が見えないが、十分考えうる。偽撰系図の記事を基にして発祥地を讃岐の山田郡宮所〔宮処〕郷とするのは、大家の太田亮・佐伯有清両博士の見方といえども疑問であって、実際にはありえない。仮に河内の起源地が妥当であれば、大小橋臣命の子、静子臣命が中臣宮処連の祖だという「中臣宮処氏本系帳」は、ここまでは正伝となろう）。このほか、丹比郡には狭山神社・菅生神社という中臣氏族（各々狭山連、菅生朝臣）が奉斎した式内大社があって、この氏族にとって河内国丹比郡は重要な拠点であったことに留意される。

丹比郡には天平勝宝七年（七五五）に尋来津公関麻呂が居り（『続日本紀』）、『姓氏録』河内皇別にも同氏（毛野君同族）をあげ家地の名に依り起ると見える。「中臣氏本系帳」に見える方之子の母が出た物部尋来津首氏も、同様に河内あたりの地名に因むものだったか。

卜部平麻呂と堂上公家卜部氏の系譜

堂上公家として続いて明治まで至った卜部氏についても、簡単に記述しておく。

その祖の卜部平麻呂については、系図も含めて史料に様々な混乱が見られる。平麻呂は伊豆国田方郡に居した伊豆卜部の系統から出ており、これは伊豆卜部の系図も見えて、まず間違いない。ところが、『尊卑分脈』の大中臣氏の系図のなかに平麻呂の系が接合されており、系譜仮冒になっている。すなわち、同書の卜部氏系図では右大臣清麿の子・参議諸魚の子の治麿（正しくは智治麿）の子に神祇権大祐平麻呂が置かれ、「改中臣姓為卜部」と記すが、これは大中臣朝臣から卜部宿祢への貶姓（へんせい）も含めて、明らかに疑問が大きい。

一方、六国史でも、卜部宿祢平麻呂の卒時記事（『三代実録』元慶五年〔八八一〕十二月五日条）には混乱が見られ、壱岐卜部出身の卜部業基が卜部宿祢姓を賜った後に真雄と改名し、更に平麻呂と改名したと受けとられるように書かれる。この混乱がどこで生じたかは不明であるが、「松尾社家系図」に拠れば、業基、真雄、平麻呂はいずれも別人となる（現存史料からは、「真雄＝平麻呂」の是非の判断が難しい）。ところが、後裔の吉田家が明治になって宮内省に呈譜した『吉田家譜』では、壱岐卜部の系統から吉田家など堂上家卜部氏が出たと記される。佐伯有義らが監修の『神道大辞典』も、これを踏襲するが、疑問が大きい。

平麻呂は、伊豆卜部の炊手（たきて）長上（卜事の長）・島足（『新撰亀相記』に見える島継の兄）の子であり、幼時から亀卜に優れたことで承和の遣唐使にも随行し、帰国後は神祇諸官を経て神祇権大佑に任ぜられ宮主（みやじ）・炊手長上を兼ねた。官位は従五位下・丹波介まで昇進し、宿祢姓を賜り平野社預（あずかり）にもなっている（『類聚三代格』貞観十四年）。

平麻呂の子孫は平野社預を世襲したが、曾孫の兼延が一条天皇のときに宮主や天皇の侍読として活躍し、卜部氏として初めて神祇大副となり吉田社預も兼ねた（この代に亀卜道の宗家の地位を確立したという。その没年は陰陽道の大家安倍晴明と同年（一〇〇五）頃と推定されている）。その子で、十一世紀前半頃の卜部兼忠も神祇大副となり、更にその子の兼親・兼国兄弟も大副になって、ここで吉田系と平野系の二系に分かれた。卜部氏は後になると梅宮社預や粟田宮俗別当の職ももち、神祇官の要職を世襲して、次第に家格を上げていった。南北朝後期の応安八年（一三七五）には、神祇大副卜部兼熙が兄弟らと共に朝臣姓を賜って、正三位右京権大夫まで昇り家名を吉田を号した。その子孫からは、吉田・萩原・錦織という堂上家三家を出した。平野神社系統も、猪熊家のちに藤井家を号して堂上家にある。

なお、源頼光の四天王の一で弓の名手、卜部季武は、伊豆国人炊手次官卜部季国の子とされる。平季武とも書かれ、神楽『土蜘蛛』などや『今昔物語集』などにも見える。

八　地方の有力社家と武家など

ここまであまり触れなかった地方の中臣氏族や、本来は他氏族であったが「中臣」を冠する諸氏について、補記も含めて簡単に触れておく。

常陸の中臣鹿島連・占部の一族

先に見た大鹿島命の後裔が中臣鹿島連、中臣殖栗連や常陸の占部、中臣部、殖栗占部である。この一族系統は崇神朝頃から鹿島神宮に仕え、祭祀と共に太占に携わったが、当初は占部、中臣部を号した。天平十八年（七四六）には、常陸国鹿島郡の中臣部廿戸、卜部五戸が中臣鹿島連を賜姓され、一族は古代の郡領家や鹿島神宮及び摂社等の祠官家として長く続いて、近世に至り幕末の大宮司鹿島則孝（『桜斎随筆』等で著作が多い）を出した。

氏人は記・紀や風土記にかなり見えており、『常陸国風土記』には大化五年（六四九）に鹿島郡を建てたとき、当地に大乙上中臣部国子（「□子」の表記は欠字ではないことに注意）・大乙下中臣部兎子があったと記される。この両人は、従兄弟で中臣鹿島連の祖である。『書紀』天智十年三月条には常陸国が身長「尺六寸」という短身の中臣部若子を差し出したと見えるが、これも一族である。この系統のかなり詳細な系図を鈴木真年らは採集しており、それが『諸系譜』や『百家系図稿』に所収され、そのなかに上記三名の名も見える。

太田亮博士は、大鹿島命が多氏族で仲国造の祖の建借間命と同人ではないかと考えるが、そうした事情を示唆するものはなく、同様に鎌足の祖系が常陸鹿島の中臣部・占部から出たことも、関係系図からはまったく徴候が窺われず、太田博士の失考である。両者は同じ「カシマ」の訓みであっても、大鹿島は垂仁朝で祭祀を行った者であり、一方、建借間のほうは崇神朝に国栖討伐を行った者なのだから、まるで共通性がない。両者を同人とするのは無理がある（もちろん、各々の氏族系統が違うのだから、後裔諸氏のカバネも異なる）。

中臣鹿島連一族関係者について、若干補記しておくと、藤原秀郷の母は鹿島連氏から出たと伝える（『尊卑分脈』では「下野掾鹿島女」とあるが、これは不正確で、「下野掾鹿島連直行の女」とするのが正伝か）。剣豪の**塚原卜伝**（土佐守高幹）の実父は、鹿島神宮の神官で、常陸大掾氏一族・鹿島氏の四家老の一人でもあった卜部（吉川）覚賢とされる。上記の常陸の占部のなかには、中臣鹿島連の賜姓にあずからなかった一族もあり、それも神官として後世まで鹿島神宮にあったが、吉川氏は行方郡吉川邑に起こり、鹿島の大祝家とも座主家ともいう。鹿島には武甕槌神以来の古武道が伝わり、卜伝もこれを承けたという。

また、陸奥国・下総国・上総国など東国の卜部・占部が、『万葉集』巻廿の東歌作者や奈良時代の戸籍にかなり見られるが、これらも常陸占部の一族か部民であった。

春日大社社家の**中臣殖栗**（えくり）**連**も、同族である。仁徳朝頃に常陸鹿島の中臣部から殖栗占部が分岐し、和銅年間頃に中臣殖栗連（たんに殖栗連ともいう）を賜姓した。神護景雲二年（七六八）に殖栗占連咋（くい）

麻呂が春日山麓に四処大神を奉祠したと伝え、春日大社創祀のとき鹿島大神を奉じて平城京に定着したと分かる。この者は、先に『続紀』天平宝字八年（七六四）条の記事にあり、大学少允従六位上殖栗占連咋麻呂が「占」の字を除くと見える。

春日社家の辰市・大東・千鳥・今西・冨田などの家では、先祖を中臣時風・秀行兄弟と伝えるが、実際には起源がこれより更に古かったわけであり、系図では殖栗連咋麻呂の弟で、『歌経標式』（京家の藤原浜成が著した現存最古の歌論書）に「殖栗豊島」と見える者から系がつながる。この系統では、春日社の正預・権預などを一族が世襲して長く続き、後にたんに「中臣朝臣」と称した（正式に賜姓があったかは不明）。「神代俳優」として古風の春日社伝の舞曲を伝えており、明治に冨田光美が出て全国著名社に伝授した。

鹿島郡でも歌垣的な風習が見られる。『常陸国風土記』香島郡条によると、香島社の周囲に卜部氏が住み、毎年四月十日に同族の男女が集まって、日夜、飲酒歌舞の楽しみをすると記される。次ぎに、同郡の「童子女松原」では歌垣の風習があり、そこで出会った相思相愛の男女が明けがたに松の樹と化した伝承を載せる。その松原近隣という、神栖市波崎にある「童子女の松原公園」には、古代の姿をした男女二人の立像がある。この男女が、南方近隣の手子后神社（鹿島神宮摂社）の祭神とされる。

和泉の中臣和太連一族など

中臣阿毘古連の子の五十狭古連が継体朝頃に河内（後に分離して和泉国）の大鳥県（郡）に居住し、後裔が大鳥郡内に繁衍して、居地の名に因み大鳥連・和太連・蜂田連・殿来連・評連と名乗る諸氏を出した。同郡の式内社では、名神大社の大鳥神社（堺市西区鳳北町）のほか、等乃伎神社、蜂田神社がこの一族により奉斎された。火雷神社もそうだったか。

一族のなかでも、後世まで長く活動が見られるのが中臣和太連であり、大鳥郡和田郷に住み、中世は和田氏となって大中臣姓を名乗った。南北朝期に楠木正成など楠木一族と共に南朝方で大きな活動を見せるのが、和田助家・助泰親子など和田氏一族であり、『群書類従』所載の系図などを含む『和田文書』（東大史料編纂所蔵）も残した。

この一族とは平安中期に分かれた支族の系統も長く続いており、戦国末期の大鳥郡綾井城主の沼間氏を出した。沼間義清は信長に属して、天正四年（一五七六）の木津川口での毛利方との海戦で一族とともに壮烈な討死をとげたが、子孫は幕臣等で残る。

畿内の中臣氏族の最後に、系譜不明のままである氏をあげると、『姓氏録』左京神別の中村連及び未定雑姓山城の大辟がある。前者は「己々都牟須比命の子、天乃古矢根命の後」、後者は「津速魂命の後」と記して、ともに遠祖しか記さず、氏人も見えない。両氏ともに初期分岐ではないかとみられる（系譜をあえて推測してみると、前者は大和国忍海郡中村郷が起源地かとみられており、その西方近隣の笛吹村の笛吹社（葛

大鳥神社（堺市西区）

木坐火雷神社）から鹿卜に用いるハハカの木が貢進されたから（『奥儀抄』など）、そこと近い地域に居た氏の一族か。中村連は、河内の中臣高良比連や狭山連の一族とも「真年本総系」に見えるが、裏付けがない。後者の「大辟」のほうは、同書の記事に同じ未定雑姓で直前に置かれる春日部村主の一族ではなかろうか）。

香椎宮の大中臣氏と筑前の卜部

筑前国糟屋郡の香椎宮は、神功皇后の韓地征討に由緒のある神社である。その有力祠官に四党あり、なかに大中臣朝臣氏があって権大宮司職に任じ、三苫（みとま）氏という。その系譜では右大臣大中臣清麿の孫の三苫大領重春が祖だと伝えるが、重春は大中臣氏の系図に見えず、明らかに系譜仮冒がある。遠祖が烏賊津臣命というから、遠い時代の中臣氏の分岐と考える場合、烏賊津臣命の子と称した壱岐の真根子命の後とみるのが割合自然か。なお、真根子の後裔には、同国宗像郡式内社の織幡神社祠官の入江・壱岐氏もある。

三苫の苗字は、同郡三苫郷（福岡市東区三苫）に因むとみられ、当地の綿津見（わたつみ）神社は志賀三海神・豊玉姫命を祭神として海神族の色彩があるが、「香椎宮旧記」に神功皇后の韓地への渡航の際、苫三枚を海中に投入して海神に祈った結果、大風涛が治まったことにより、凱旋後に苫の漂着地に海神を祭祀したとあるから、烏賊津臣の関係者なら対馬・壱岐の卜部の後裔かとみられる。宗像神社に関与の対馬卜部については、先に述べた。

関連して**筑前の卜部**に触れると、筑前国嶋郡の川辺里（糸島半島付け根の糸島市泊一帯か）、大宝二年（七〇二）の戸籍には「戸主卜部乃母曽（のもそ）」など八十五人もの多数で卜部姓の人々が見え、「中臣部比多米売」など中臣部姓や三人の卜部首姓の人も見える（このほか、葛野部・肥君・物部姓が多い）。

これらは、同じ筑前でも宗像神社の卜部氏とは関係がなく、中臣氏遠祖が大和移遷の前に居た地に残された同族か部民であろう。どこまで系譜に基づくかは不明だが、和銅二年に嶋郡少領の中臣部加比が中臣志斐連姓を賜っている（『続紀』）。

その北西近隣の久米郷（糸島市志摩野北一帯。久米神社が鎮座）には、大和遷住の前に大伴・久米一族が居たとみられる（石井好氏の『忘れられた上代の都「伊都国日向の宮」』にも同説）。

他氏族系統のナカトミ・ウラベ

中臣連氏に関連して、他氏族の系統であるが神事に関わったことで「中臣」を名乗った諸氏があり、系譜不明な中臣氏なども含めて、これらを補遺的に見ておく。

(1) 物部連系で中臣を冠する諸氏

天孫族系の物部連の一族から中臣習宜（すげ）連・中臣葛野連・中臣熊凝（くまこり）連が出た。これらのなかで最も著名なのが道鏡事件で見える**中臣習宜（すげ）朝臣阿曽麻呂**である。大宰主神（かんづかさ）司（九州全域の祭祀を管轄する長）の在任中に、上司の大宰帥（兼大納言）が道鏡の弟・弓削浄人（きよひと）であったことから、「道鏡を皇位につければ、天下は治まる」との宇佐八幡神の神託を奏上したが、これが偽りということで道鏡一族失脚と共に左遷された。その二年後には多少復活して大隅守となっている。阿曽麻呂より一年半前の天平神護元年（七六五）に従五位下を叙位された中臣習宜朝臣山守の弟かとみられる。

『姓氏録』では右京神別に中臣習宜朝臣とあげ、饒速日命の孫の味瓊杵田（うましにぎた）命の後と記すから、物部連の初期分岐で阿刀連・熊野国造の一族であり、「習宜」は大和国添下郡の地名に基づく。たんに習宜連・習宜朝臣とも見える。養老三年に朝臣を賜姓した。

中臣熊凝連は、『姓氏録』では右京神別の中臣熊凝朝臣について、味瓊杵田命の後と記し、「熊凝」は大和国平群郡の地名に基づくから阿刀連同族で中臣習宜連と近い一族とみられる。朝臣の賜姓も養老三年と同時期で、後に熊凝朝臣となるものもある。朝臣賜姓の古麻呂の子が従五位下皇后宮亮の五百島か。

中臣葛野連は、中臣部千稲麻呂が天平二十年に中臣葛野連を賜姓した。千稲麻呂は長屋王家跡出土木簡にも「中臣部千稲」「葛野連千稲」と見える（『姓氏家系大辞典』では「子稲」と誤記し、「千稲」とも書く史料もあるが、「千稲」が妥当）。その子とみられる者に『続紀』の宝亀年間に見える飯麻呂、広江があり、前者は神祇官の員外少史で越前の気比神、能登の気多神に幣帛奉納のため遣わされている。

『姓氏録』では山城神別に中臣葛野連とあげ、饒速日命の九世孫の伊久比（胆咋）足尼の後と記し、「天孫本紀」では奈西連の後とされる。奈西連は継体朝の麁鹿火（荒甲）大連の甥で、山城の鴨祝となっており、『姓氏録』に山城神別と見える秦忌寸の祖でもある（秦忌寸であっても、渡来系の諸蕃ではない）。鴨県主一族と通婚があり、秦忌寸都理の後裔が中世以降の松尾神主秦宿祢氏（東神主家、南家など）となった。

(2) 中臣丸連や未定雑姓で和珥氏族の「中臣臣」

天平十八年（七四六）四月に中臣丸連張弓の叙位が見えており、以後は伊予守などに立身して、天平神護二年（七六六）には左京人正五位下中臣丸連張弓等廿六人が朝臣姓を賜った（『続紀』）。この同族とみられるのが天平十年（七三八）の「和泉監正税帳」に「祭幣帛使位子無位丸連羣麻呂」であり、祭祀職務に関係して「中臣」が冠されたか。「位子」とは、律令制の官人任用の資格で、内位の六位～八位の官人の嫡子をいうから、父はそうした官位をもつ者で、『続紀』養老七年（七二三）に従五位下に叙位の丸連男事かその近親であろう（年代的に見て、男事の子が羣麻呂、張弓か）。

六国史には、宝亀八年（七七七）～承和十二年（八四五）の期間に中臣丸朝臣姓の馬主、豊国、氏成が見えて共に従五位下に叙されており、豊国は延暦十八年に斎宮頭に任じた。中臣丸朝臣大魚の娘、豊子は桓武天皇の宮人として伊勢斎宮の布勢内親王を生んだ。後に、『類聚符宣抄』巻一の天暦四年（九五〇）の補任記事に「気比太神宮司正六位上中臣丸朝臣良□（□は一字欠名の意味）」も見える。

この中臣丸連については、太田亮博士は、「中臣氏の族」とするが、むしろ和珥臣の同族であろう。大和国添上郡で和珥氏領域下の太祝詞（ふとのりと）神社（天理市森本町の現・森神社に比定か）に関与した可能性がある（井上辰雄氏に同意）。

丸連に関連して、『姓氏録』には未定雑姓右京で和珥氏族の「中臣臣」が見え、孝昭天皇後裔の「甕着（たがねつき）大使主」（和珥臣の祖・米餅搗大臣のこと）の後というが見えず、と記される。これら諸氏には具体的な系譜が見えず、系譜等は不明である。

(3)　常陸から丹波に移遷の大中臣氏

承安四年（一一七四）三月に常陸国中郡庄の下司経高（中郡上総三郎）が濫行したと『吉記』に見える。経高の祖父の頼継から実質的に始まる大中臣姓の中郡・那珂氏の系図（「大中臣氏略系図」。頼継の父を後二条関白藤原師通とする）が丹波福知山の桐村家に伝えられており、これを網野善彦氏が『日本中世史料学の課題』などで紹介する。

太田亮博士は、中郡氏が多臣の同族で、常陸の仲国造（那珂国造。建借馬命が初祖）の後裔が大中臣姓を仮冒したとみている。この見解は妥当であるが、鎌足が仲国造の一族から出て、中臣連の祖の大鹿島命と仲国造の祖の建借馬命が同一人とみるのは、疑問が大きい。「神八井耳命を祖とする多臣系中臣氏」なるものは、具体的には一人として管見に入っておらず、ごく一部の研究者の錯覚にすぎない。

このほか、武家の大中臣姓では、土佐戦国期の七雄の一として、香宗我部氏の同族という香美郡の山田氏があり、中原太郎秋家の後裔のようだが、先祖が不明である。

(4)　安芸の占部連など

広島県の郡山城下町遺跡（高田郡吉田町吉田）から出土の木簡に安芸国の高宮郡郡司解があり、そのなかに「占部連千足」なる者が見える。当地の者である場合には、安芸国造同族だったか（この国造は玉作部や忌部と同族だから、少彦名神末流となる）。

なお、備中国賀夜郡に天平頃、中臣忌寸連氏が見えるが、系譜等が全く不明である。

まとめ

主要問題についての要点

最初に掲げた諸問題点については、本文で一応の検討・結論を示してきたが、ここでは、多少の補記をしつつ、中臣氏について簡単なまとめをしておこう。

①　戦後の古代史学で傾向的に見られる「モデル論」とか反映説、あるいは一般論的な造作説は、具体的な根拠がなく、中臣氏については採用できない。多少の類似・共通点が両者にあっても、一方の実在性の否定に論理的につながるわけがない。だから、鎌足は武内宿祢のモデルだったか（武内宿祢伝承をもとに鎌足等の事績を虚飾したのか）という問題についても、否定的に考えざるをえない（塚口義信氏の論考「武内宿祢伝説の形成」〔『神功皇后伝説の研究』に所収〕に的確な批判がある）。記紀の記事には、中臣氏一族の行動について多少の潤色があるとしても、歴史の判断を大きく誤るほどのものではなく、それが不比等や中臣大島による造作・潤色の結果だと見ることは、疑問が大きい。

「記紀の中臣氏伝承の一部が欽明・敏達朝ごろに、大部分が大化以後に作られたということになる」という志田諄一氏の見方には、明確に反対の意を表しておく。だいたいが、そんな都合良く、上古・神代まで遡って整合性のとれた物語や系譜を、後世になって造作できるわけがない。古代人の能力を過大視し過ぎるということでもある。

② 記紀編纂時以前から、中臣氏の系譜が実際にも天児屋根命ないしそれ以前の祖先に遡る古族の流れであって、天皇家と同様ないしはそれ以上に古い、日本列島古来の有力な大族であった。だから、平安前期の『姓氏録』に掲載される氏族数で見て、物部氏には遥かに及ばないとしても、それに次ぐ多数の同族諸氏をもつ氏族グループのなかに中臣氏族（私見では五十六氏掲載）もあげられる。奈良時代には中臣氏から支族分出が殆どないだけに、多数の同族諸氏の存在は、上古史の史実原型を基礎にしていると考えざるをえない。

戦後の学究が比較的好んで使う「擬制的同族結合」という系譜関係も、中臣氏について具体的にあったとは思われないし、この場合の「擬制」の立証も全くされていない。他氏族と同様、同族と称する諸氏には系譜仮冒の例はいくつか見られるが、これは、個別の氏が自らの都合で中臣氏の系譜に附合ないし架上をさせたにすぎないと思われる。

③ 中臣氏の系は、『尊卑分脈』や『姓氏録』が示すところでは、始祖の天児屋根命以降鎌足まで一系で連続しており、鈴木真年らはこれを踏襲したが、誤りであった（真年が整理した「鎌子＝黒田」ではなかったし、志田諄一氏が可能性を考えた「常磐＝鎌子の改名」「方子＝勝海の改名」でもない）。中央の中臣氏には、用明～推古朝の時期に本宗の交替があり、鎌足の祖系は従来の本宗家とは別個の存在で別の地（高市郡藤原）に並立していた。

④ 当初にあげた中臣氏歴代の原型は、次のような世代配置が妥当とみられる。

「◎天児屋命→①天忍雲根命→②天波与命→③天種子命→④宇佐津臣命→⑤御食津臣命→⑥伊賀

津臣命→⑦梨迹臣命（兄弟に臣知人命）→⑧神聞勝命→⑨大鹿島命（兄弟に鯛身命）→⑩臣狭山命→⑪雷大臣命→⑫大小橋命→⑬阿麻毘舎連→⑭阿毘古連→⑮真人連→⑯鎌子連→⑰勝海連（本宗家はここで終わり）。支系（藤原系統）のほうは、黒田連（真人連と同時代の人として⑮と置く場合の世代数値を以下に付与）→⑯常盤連（鎌子連と同時代）→⑰方子連（勝海連と同時代）→⑱御食子連→⑲大織冠鎌足（藤原氏元祖）」

〔※津速魂神からの世代数は「上記世代＋3」。天御中主神からの世代数は「上記世代＋9」〕

このように考えた場合、『姓氏録』の天児屋命の七世孫の臣知人命（左京・伊香連）、九世孫の鯛身命（摂津・中臣束連）、十世孫の臣狭山命（左京・中臣酒人宿祢。河内・中臣高良比連も同義）、十一世孫の雷大臣命（左京・中臣志斐連など）、については完全に世代数が符合する。『続紀』大応元年（七八一）条の栗原勝子公の言に、天御中主命廿世孫の伊賀都臣と見えるのも、これは大児屋命の十一世孫となるから符合する。こうした整合性のある歴代の系譜を後代になって造作できるはずがなかった（なお、鎌足の廿世孫という数え方は、真人を十六世孫と数える方法〔中臣酒屋連の例〕と整合的であるが、具体的な内容は不明）。

⑤　春日大社第一座の武甕槌神とは、天児屋根命の子の天忍雲根命に主に比定される中臣氏の先祖であり（天児屋根命の父神に位置づけられる場合もある）、国譲り交渉や天孫降臨に大きな功績があった。武甕槌神が歴代の中臣氏世系からその名が消えた事情は不明も（祭祀職掌を重視してのものか、あるいは天忍雲根神との別神認識が後に生じた故か）、古代氏族の祭祀する氏神は基本的に祖神（含母系）と合致するものである。

⑥　伊勢の荒木田神主氏は本来は中臣氏一族ではないが、早い時期に系譜仮冒を行って中臣氏の系

図を取り入れたため、中臣氏のほうでは所伝がまったく失われた祖先の名前をその系譜のなかに残すという貴重な結果が残った。具体的には、天波与命とか鎌足祖系の音穂臣という名前である。この二人の名は、中臣氏族の他の系譜では管見に入っていない。

⑦ 中臣氏族は、列島古来の山祇族のなかでも雄族であり、たんなる祭祀関係伴造ではなかった。そのことは、初期分岐の流れに春日県主・添県主があり、臣姓諸氏（荒木臣、倉垣臣、伊香具臣、大家臣など）を輩出したことと符合する。

⑧ 関連して、忌部氏についても触れておくと、平安前期に神祇大副斎部宿祢広成が『古語拾遺』を著して、神代以来、「中臣、斎部の神事奉仕に優劣なし」という主張をするが、中臣・忌部両氏の崇神朝以降の活動事績を見れば、両氏同等というのは実態とは異なる（太田亮博士に同旨）。それは、連と首というカバネの差異や、同族諸氏の数や勢力、地方分布などからも言える。忌部首は、玉作部（後に本宗は玉祖宿祢）や鴨県主の同族から出たが、祭祀用諸物品の製造、斎蔵管理などで祭祀に関与した（中臣・忌部のほか、祭祀の大幣製造関連で名前があがる諸氏には、鏡作（物部同族か）、楯作（紀伊同族か）及び玉作・神服（かみはとり）・倭文（しづり）・麻績（おみ）（いずれも忌部同族）がある。なお、猿女君は職掌）。同書著述の時点で既に、史実原型がかなり訛伝したり改変されたりしているとみられる。

中臣氏についての総括

記紀が「歴史の記録ではなく、六世紀の官人が皇室の日本統治を正当化するための政治目的をもって造作した」とか、「神代史が皇室の権原の由来を説くために作られた」という津田博士の見方（仮説）が、戦後の歴史学界に対し大きな影響を与えすぎてきた。記紀の造作説・潤色説や上古系譜への不信感が学界に根強くあり、それを基礎に古代の歴史像や歴史体系の学説が戦後、構築されてきたが、このアプローチには誤解と疑問がある。戦前当時の狭い視野で低い学問水準のもとでの粗雑な論理展開なのに、当時の結論の丸呑みはどうしたものか、もっと合理的で具体的、総合的な歴史研究がなされるべきである。こうした認識が私にあって、そのための対応が必要でもあった。

上古史を考える時、初代天皇とされる神武でさえ実在性が否定されるのに、その前の神代なんて学問的に考慮に値しない、合理的・実証的な歴史学としての研究は応神・仁徳朝以降、あるいは継体朝ないし推古朝以降を対象とするものだという見方があって、これが戦後では当然のように学究主流の傾向である。しかし、記紀及び旧事本紀などに記された神統譜の類は上古からの流れを様々に示唆するし、その研究にも実証性を要する。応神朝以前でも、歴史が流れが現実に日本列島にあって、巨大古墳も築造されたのだから、この時期を検討の外とするのでは上古史の把握を誤る恐れが強い。中臣氏でも、「延喜本系」に見える推古朝の御食子兄弟から後の検討ではまったく不十分である。

そもそも、肝腎の神武実存性の否定さえも、今の歴史学界では論理的にできていない。津田博士流の論法で、神武実在性の否定ができるのなら、これは粗雑な思考回路と言わざるをえない。倭建命でも神功皇后でも、同様である。これは、いわゆる「皇国史観」に立っての見方では決してない。端的には、事件報道の六大要素たる5W1Hを的確に踏まえた合理的論理的な検討が、上古史分野ではなされてこなかったと言うものにすぎない。

本稿作成に当たって、多くの中臣氏関係の著作・論考にあたったが、説明のつきにくいことの殆どを、後世の「造作」とか「擬制」で簡単に片づける姿勢が学界には多く見られる。だから、史料に基づく丁寧な検討がなされてこなかった。津田博士の記紀批判や検討の姿勢自体が合理的で妥当であっても、個別の検討と導かれる結論が妥当だとは直ちに言えないし、検討視野の狭さに因ってか、そうしたものも多々ある（当時の資料や学問水準等からいって、やむをえない面もあるが）。津田博士の結論はあくまでも仮説にしか過ぎないのに、戦後の歴史学はそれを大前提として検討するものが多く、疑問が極めて大きい。応神以前の歴史切捨てでは中臣氏の全体像解明は到底できないし、主観的な造作論や切捨論では、科学的な古代史検討は進まない。現在までの関連諸分野の学問の進展を踏まえて、合理的・具体的で総合的な視点からの検討・立証が強く望まれる。

藤原不比等及び中臣大島が『書紀』編纂へ影響を及ぼしたとみられた関係で、中臣氏関係記事も疑いをもたれてきた。『書紀』編述の出発作業で「帝紀」や上古の諸事を中臣大島が自らの筆で記したと伝えるが、これをどこまで重大視するかという問題もある。要は、「上古の史実を意図的に歪め、建国神話・万世一系の天皇中心思想を国史編纂を通じて造作し、その後の政治思想を操作した張本人は藤原氏一族、とくに不比等である」という趣旨が、戦後の古代史学界では有力である。しかし、この立論の基礎ともなる作業も立証も、十分とはいえない。記紀神話の藤原氏による改変の記事・内容を具体的に的確に検出する仕事は容易ではないし、そもそも、この見方に否定的な学究もいる。改めて先入観のない目で、記紀を冷静に読み返す必要がある。『古事記』にあっては、神武以降の記事に中臣氏の氏人は全く登場していない点に十分留意されるべきである。

ここまで見てきて、上記の不比等ら（あるいは当時の官人たち）による記紀造作説にはおおいに疑問があることが分かる。本書でも二上山と天忍雲根命の事例を通じて具体的に示したところである。『書紀』編纂によって新興貴族の藤原氏・中臣氏に利益が多くあったとしても、その関係記事に造作や潤色が多い、とまで言えない。その客観的合理的な根拠が殆どないからである。とはいえ、長い間の伝来期間を経ると、古い伝承や史実には訛伝も生じるし、系譜にも仮冒や様々な混乱も生じる。記紀の編述当時の編者の理解により記事が変わった部分も、若干の記事潤色も、中臣氏についてあった可能性もあるので、この辺を含め、適宜、整理して合理的な原型探索につとめるべきと思われる。

おわりに

本書では真正面から「神統譜」を扱ったゆえに、古代史でもあまり見慣れない神名・人名が多く出てきており、同名異神の話しも含め、読みにくかったと思われる。中臣氏歴代の世代数の数え方なども、分かりにくいと推察するが、これらを先ずお詫びしたい。

つくづく思うに、これまでの中臣氏研究にあっては、氏族系譜を基礎とし具体的な年代・地理を踏まえた形の歴史検討がなされてこなかった、という印象が強くある。そのため、記・紀や『姓氏録』などの記事を踏まえ、丁寧に検討した結果が本書であり、それを具体的に説明したかった執筆事情がある。神祇祭祀を職掌とした中臣氏について、肝腎の遠祖神の神統譜の検討がこれまで学究から殆どなされなかった。これは実に不思議であり、継体より前代の記紀の記事を否定して、具体的な根拠がなく想像論が展開されてきたことに対する反論でもある。記紀等の記事をきちんと見ていくと、藤原不比等などによる造作論はきわめて観念的な抽象論だとわかる。神統譜を無視した中臣氏研究などありえない。

私にとって、中臣氏族研究には二つの意味で雪辱戦という気持ちがある。その第一は、系図学の偉大な先達である鈴木真年及び太田亮が、中臣鎌足の出自・祖系などについて、現存の系図史料により共におおいに眩惑されたこと。第二には、私自身が『古代氏族系譜集成』編纂のときに、①伊豆国造・服部連、②荒木田神主氏、③中臣氏本宗の歴代、などに関し惑わされた結果、誤った判断で記述した部分もあると感じるからである。

本書執筆中にほかにも眩惑的な事情がいくつか分かったが、それだけ中臣氏族の全体系譜は複雑で難解である。とくに、高市郡藤原に起こった鎌足祖系の系譜はきわめて難しく、本書では一応の見方を示したものの、更に様々な検討を要する。これらの誤解・眩惑ないし疑問から脱して、本来の系図原型を探り当てることが、中臣氏族についての著述の契機であった。検討が遅々たる歩みで紆余曲折も多かったものの、ここまで書いてきて、なんらかの成果が得られたのではないかと感じているところである。

〔参考資料〕

1　中臣連氏一族の系図試案

第2図　中臣連一族の系図（試案）

＊は神祇伯就任者

※必ずしも兄弟順の記載ではない。

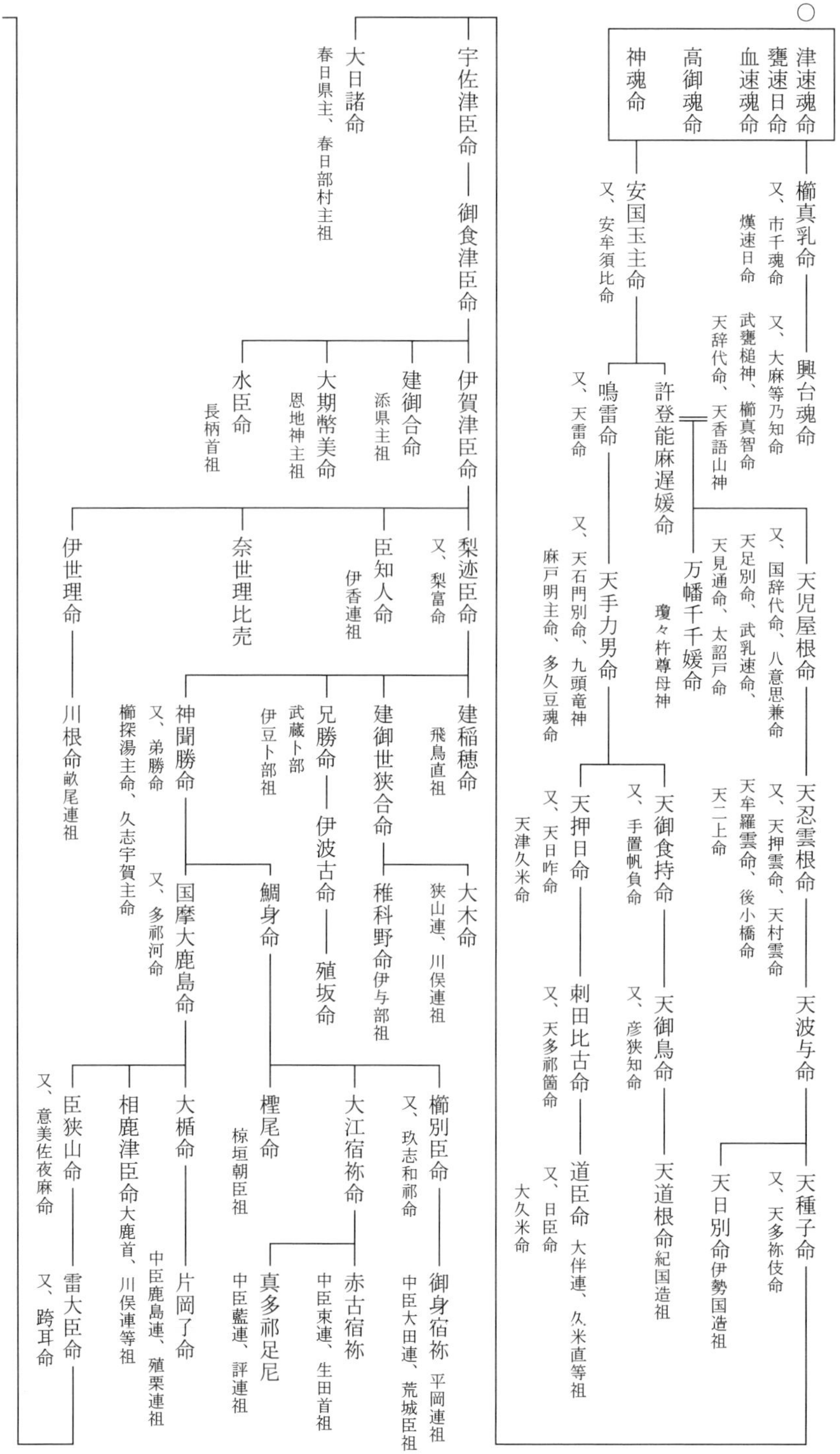

- ○津速魂命／甕速日命／血速魂命／高御魂命／神魂命
  - 櫛真乳命（又、市千魂命　熯速日命）
    - 興台魂命（又、大麻等乃知命　武甕槌神、櫛真智命　天辞代命、天香語山神）
      - 天児屋根命（又、国辞代命、八意思兼命　天足別命、武乳速命、天見通命、太詔戸命）＝許登能麻遅媛命
        - 天忍雲根命（又、天押雲命、天村雲命　天牟羅雲命、後小橋命　天二上命）
          - 天波与命
            - 天種子命（又、天多祢伎命）
              - 宇佐津臣命
                - 御食津臣命
                  - 伊賀津臣命
                    - 梨迹臣命（又、梨富命）
                      - 建稲穂命　飛鳥直祖
                      - 建御世狭合命
                        - 大木命　狭山連、川俣連祖
                        - 稚科野命　伊与部祖
                      - 兄勝命　武蔵卜部　伊豆卜部祖
                        - 伊波古命
                          - 殖坂命
                      - 神聞勝命（又、弟勝命　櫛探湯主命、久志宇賀主命）
                        - 鯛身命
                          - 櫛別臣命（又、玖志和祁命）
                            - 御身宿祢　平岡連　中臣大田連、荒城臣祖
                          - 大江宿祢
                            - 赤古宿祢　中臣束連、生田首祖
                            - 真多祁足尼　中臣藍連、評連祖
                          - 梩尾命　椋垣朝臣祖
                        - 国摩大鹿島命（又、多祁河命）
                          - 大楯命
                            - 片岡了命　中臣鹿島連、殖栗連祖
                          - 相鹿津臣命　大鹿首、川俣連等祖
                          - 臣狭山命（又、意美佐夜麻命）
                            - 雷大臣命（又、跨耳命）
                    - 臣知人命　伊香連祖
                    - 奈世理比売
                    - 伊世理命
                      - 川根命　畝尾連祖
                  - 建御合命　添県主祖
                  - 大期幣美命　恩地神主祖
                  - 水臣命　長柄首祖
              - 大日諸命　春日県主、春日部村主祖
            - 天日別命　伊勢国造祖
  - 安国玉主命（又、安牟須比命）
    - 許登能麻遅媛命
    - 万幡千千媛命　瓊々杵尊母神
    - 鳴雷命（又、天雷命）
      - 天手力男命（又、天石門別命、九頭竜神　麻戸明主命、多久豆魂命）
        - 天御食持命（又、手置帆負命）
          - 天御鳥命（又、彦狭知命）
            - 天道根命　紀国造祖
        - 天押日命（又、天日咋命　天津久米命）
          - 刺田比古命（又、天多祁箇命）
            - 道臣命　大伴連、久米直等祖（又、日臣命　大久米命）

大小橋命
- 真根子命（伊吉卜部、対馬卜部祖と称）
- 弟子命（又、鷲束臣命、健羽古命）中臣表連、中臣志斐連祖
- 日本大臣命　中臣美濃連、宮勝　中臣栗原連等祖
- 阿麻毘舎連（又、阿麻毘佐臣命　賜姓中臣連）
  - 毛呂連　呉公祖
  - 冨日子連　民直祖
  - 静子臣命（又、静古大人　母膳臣伊佐美別女　豊稚比売命）— 稚佐久良臣　中臣部祖
    - 音穂臣〔※静子臣命の子か川根命の後裔？〕
      - 黒田連 — 常磐連　中臣連 — 方子連（又、可多能祜）
        - 阿礼波連
      - 加沼連　中臣酒屋連祖
  - 阿毘古連（又、我彦連、海孫連）
    - 吾孫媛連　平群木莵宿祢妻、真鳥宿祢母
    - 堅石連
      - 川原連　津島朝臣祖
      - 和陀古連　神奴連祖
    - 真人連
      - 八束連　菅生朝臣、中臣香積連　中臣間人連、中臣連祖
      - 袁久良連　中村連、狭山連、中臣香積連祖
      - 五十狭古連　大鳥連、和太連、蜂田連、殿来連等祖
      - 真咋連　中臣幡織田連、中臣部祖
      - 鎌子連（又、賀麻連）
        - 勝海連
          - 若子連 — 徳麻呂
          - 古多比連 — 鳥麻呂　中臣宮処連祖
          - 贄古連　中臣大家連、大家臣祖
        - 磐余連（又、伊波礼連）〔※阿礼波連に繋がるか？〕
          - 荒猪連 — 渠毎連 — 安達
            - 布忍連　村山連祖
          - 花子連 — 乙骨連　方岳連祖
          - 小神連　畝尾連祖
        - 御食子連〔一門〕
          - 鎌足連
            - 定恵
            - 不比等　藤原朝臣
              - 武智麻呂　藤原南家 — 仲麻呂　藤原恵美朝臣 — 刷雄　復本姓藤原朝臣
              - 宮子　文武夫人、聖武母
              - 房前　藤原北家
                - 真楯 — 内麻呂 — 冬嗣 — 良房　摂政　摂関家祖
                - 永手
              - 宇合　藤原式家
                - 良継
                  - 乙牟漏　桓武皇后、平城・嵯峨母
                  - 長枝　能原宿祢
                - 清成 — 種継
                  - 湯守　井手宿祢
                  - 薬子
              - 麻呂　藤原京家
              - 長娥子　長屋王妃、藤原朝臣弟貞母
              - 安宿媛　聖武皇后
            - 斗売娘
          - 久多連
          - 垂目連
            - 島麻呂
              - 人足＊
              - 名代＊
        - 国子連〔二門〕— 国足連 — 意美麻呂＊（＝斗売娘）
          - 東人＊
          - 広見＊
          - 清麻呂＊　大中臣朝臣
            - 子老＊
            - 継麻呂 — 淵魚＊
            - 諸魚＊ — 智治麻呂 — 平麻呂　卜部朝臣祖　※系譜仮冒
            - 今麻呂 — 常麻呂 — 岡良　伊勢祭主家祖
        - 糠手子連〔三門〕
          - 金連
          - 許米連 — 大島＊ — 馬養 — 石根 ……二代略…… 逸志＊

2　中臣氏一族から出た姓氏と苗字

中臣氏族概説

○中臣氏族は天孫降臨五伴緒の一、天児屋根命の後裔であり、広く神祇及び卜占関係の職務について大和朝廷に仕えてきた。中臣連姓を負う以前は卜部（占部）・中臣部姓を負い、一族から藤原氏などを出した。本拠地は本来、大和の香具山付近であったか。

その氏神は大和国添上郡春日神社（祠官は大中臣朝臣、中臣殖栗連）、河内国河内郡の枚岡神社（祠官は平岡連）であるが、これらに加え、有力神社の祠官家として、大中臣朝臣（伊勢神主・宮司、遠江国浜名郡の英多神社）、卜部宿祢（京の平野、吉田、梅宮社）、中臣鹿島連（常陸国鹿島神宮）、神奴連（摂津国住吉郡中臣須牟地神社、同州武庫郡西宮神社）、中臣宮処連（摂津国八部郡長田神社）、恩地神主（河内国高安郡恩地神社）などがある。所伝の系譜には疑問もあるが、伊伎宿祢（京の月読宮）、荒木田神主（伊勢内宮祠官）等も中臣氏族と称した。

○天児屋根命などの祖先については、初期的段階では天辞代命、さらに高御魂命と遡上するものもあったが、崇神朝頃あたりから高魂命や神魂命とは別系とする天児屋根命、居々登魂命、津速魂命という神格名を案出した。更には、その先まで神系を架上し、遂には国常立尊、あるいは天之御中主神という究極至高の神格まで造出するに至った。中臣氏の初期の分出支族にあっては、祖神名が必ずしも津速魂命とか天児屋根命とはなっていない。

天之御中主神の後裔と称する氏族には、中臣氏族のほか、大伴氏族、紀伊氏族や伊勢国造（一族と称する度会神主も天之御中主命まで系を遡上させるが、本来は別族）、及び服部氏族などがあるが、『姓氏録』段階では、大和神別の服部連・御手代首及び河内神別の神人（御手代首と同じと記載）の三氏があり、これら三氏はみな服部連同族であったか。

○敏達・用明朝に崇仏・排仏論争がらみで、物部本宗家とともに衰滅した中臣勝海連の家が中臣氏族の本宗家とみられ、大化前代にはこれに替わって常磐（勝海との関係に諸説あり）の流れが本宗家となり、なかでも大化改新時の功績により藤原姓を賜った鎌足の家が本宗家となった。この藤原は、鎌足の生地・大和国高市郡藤原郷に因む。鎌足の子・右大臣不比等以降、南家・北家・式家・京家の四流に分れて大いに栄えた。近代に至るまで天皇の后妃を多数輩出するとともに、北家を中心に長く摂関家等宮廷貴族の大半を占めた。

○武家でも、天慶の乱鎮定に関与した藤原秀郷（秀郷の藤原姓は系譜仮冒か）や藤原為憲、また鎮守府将軍藤原利仁などを出し、それらの後裔と称するものが多くに分れて全国各地で繁栄した。公家のみならず武家においても藤原姓を名乗る氏が極めて多く、わが国の苗字全体の五、六割が藤原姓と称していたともいわれる。

この中には後世の系譜仮冒も相当多くあり、他の古代氏族の後裔が藤原姓の雄族の養子、猶子となるとか、先祖の系を藤原氏に接続させたという類例も、武家関係では非常に多い。これに加え、地方の雄族で先祖が不詳になったものには、権門勢家にかこつけ藤原姓と称したものも多々あり、地方武家の藤原氏と称する氏の系譜には十分な注意を要する。佐藤・斎藤・伊藤・加藤・後藤・武藤・近藤・安藤・尾藤・遠藤など、一般に藤原氏後裔とみられている苗字は、全国各地に分布が多いので一概にはいいにくいものの、その多くが本来は藤原姓ではなかった。陸奥に多い佐藤など□藤の苗字は、殆どが陸奥など古族の末裔か。

○藤原朝臣姓創設以降、古来の職務たる神祇祭祀に携わる氏族は「中臣」の呼称を保持した。推古朝頃に三門に分かれた中臣連は、平安中期頃迄にその多くの流れが大中臣朝臣姓となり、その中では国子連後裔の二門が最も栄えて、伊勢祭主家で堂上公家の藤波氏を出した。御食子連後裔の一門も、春日神主家及び伊勢大宮司家を出した。

後世になると、中臣殖栗連、中臣和太連など支族名のほうを除去し、単に中臣（連）とかその上位姓である大中臣（朝臣）という姓を使用する例もでてくることに注意。

○中臣氏族から出たと「国造本紀」に明示される国造家はないが、神武天皇朝に設置と伝える伊勢国造家は、ごく初期に分かれた中臣氏族であり、県主家では大和の添県主を出した。早くに衰滅した春日県主も初期分岐の同族の可能性がある。

○中臣氏族の姓氏及びそれから発生した主な苗字をあげると次の通り。

(1)藤原鎌足の後裔……藤原朝臣（録・左京）、藤原恵美朝臣（後に復、藤原朝臣姓）、能原宿祢、井手宿祢。

藤原朝臣姓の苗字は極めて多いため、その中でも主な苗字に限って掲げる。

(イ)公家……藤原姓公家は多いが、明治まで存続した堂上公家を中心に記す。

●摂家（忠通流）……近衛、九条、二条、一条、鷹司―以上、五摂家。摂家庶流には醍醐、富小路。しかし、富小路は全くの仮冒で、醍醐源氏末流に猶子となったものが称藤原姓で二条庶流として系図作成。主な絶家には松殿、月輪〔鶴殿〕、北小路、今小路、粟田口、衣笠、粟田、藤井、木辻、相楽。中世では土佐国幡多郡に土佐一条氏が勢力があり、その一族に東小路、秋利、白川、勧修寺、町など。鷹司庶流には江戸期は大名で松平を名乗り、明治になって吉井と号した武家華族がある。

●閑院家（公季流）……三条〔転法輪三条〕、西園寺、徳大寺、今出川〔菊亭〕、正親町三条〔嵯峨〕、三条西〔西三条〕、滋野井、河鰭、阿野、山本、姉小路、風早、押小路、武者小路、高松、花園、園池（元櫛笥庶流、属閑院家）、大宮、橋本、梅園、清水谷、小倉〔山階〕、正親町、裏辻、四辻（室町）、西四辻、藪、中園、高丘（藪以下三家は元南家高倉の流で、のち閑院家に属）。主な絶家には洞院、河原、篠野、鳴滝、猪熊。西園寺支流は、中世の伊予国宇和郡に武家。京六角堂の池坊は、西園寺支流も小野妹子後裔と称。

●花山院家（師実流）……花山院、大炊御門、難波、飛鳥井、中山、今城〔中山冷泉〕、野宮。主な絶家には五辻、烏丸、堀川、三条。土佐国幡多郡の飛鳥井庶流に鹿持〔加持〕。

●中御門家（頼宗流）……中御門〔松木〕、持明院、園、東園、壬生〔葉川〕、高野、石野、石山、六角〔波多〕。主な絶家には高倉〔坊門〕、白川、一条。江戸幕府高家に大沢。

●御子左家（長家流）……冷泉（上、下二家）、藤谷、入江。主な絶家には御子左（二条）、京極、細野、大炊御門。

●日野家（真夏流）……日野、広橋、柳原、烏丸、竹屋、日野西、勘解由小路、裏松、外山、豊岡、三室戸、北小路。これらのほか、本願寺の大谷、興正寺の華園、仏光寺の渋谷も明治に華族。主な絶家に町〔日野町〕、大福寺、桜野、冷泉、武者小路。

●勧修寺家（高藤流）……甘露寺〔もと勧修寺〕、葉室、勧修寺、萬里小路、清閑寺、中御門、坊城〔小川坊城〕、芝山、池尻、梅小路、岡崎、穂波〔海住山〕、堤〔中川〕。主な絶家に吉田、町〔勧修寺町〕、八条、粟田口、堀川、岩倉、松崎、町口、高島、常盤、桂。
●四条家（魚名流）……四条、山科、西大路、鷲尾、油小路、櫛笥、八条。主な絶家には六条、春日、九条、紙屋川、西川、伴野。
●水無瀬家（道隆流）……水無瀬、七条、町尻、桜井、山井。主な絶家には坊門。
●高倉家（長良流）……高倉、堀川、樋口。地下官人に初川。主な絶家に冷泉、八条。
●その他の諸流で絶家となった主なものでは、壬生、五条—利基流。小野宮—実頼流。世尊寺〔一条〕—伊尹流。小一条、姉小路—師尹流、姉小路は室町期の飛騨国司家で、小島・古川・向の三家。法住寺—為光流。粟田—道兼流。楊梅、二条〔樋口、清滝〕、平松—道綱流。室町〔木幡〕、江辺、法性寺—師通流。岡崎—藤原南家。
●地下、諸大夫家には、
大沢—北家鷲取流、山科家司・下北面。今大路—同流、聖護院坊官・近衛家諸大夫。物加波—南家黒麿流、徳大寺家諸大夫。進藤、小山、中川—北家利仁流、近衛家諸大夫。青木—利仁流、鷹司家諸大夫で、摂津麻田藩主と一族。松波—日野庶流で、下北面・二条家諸大夫。難波—一条家諸大夫で南家流。このほか、地下官人の多くの家が藤原姓を称したが、実際に藤原朝臣氏の出自かどうかは不明。

(ロ)武家の主な諸氏

●大名家で明治に華族に列せられた諸氏……以下にあげる藤原姓の武家は、公家から出た吉井や利仁流の加藤など一部を除くと、殆どがその系譜には多少とも疑問がある。

吉井─前掲。毛利（もと森）。北家山蔭流と称するものに、伊達、間部（もと間鍋）。北家秀郷流と称するものに、鍋嶋、内藤、新庄、田沼、榊原、秋元。北家利仁流と称するものに、加藤、遠山、堀、青木。

南家為憲流と称するものに、伊東、六郷、小出、岡部、板倉、蒔田、吉川（吉香、吉河）、相良、内田。式家百川流とも称するものに、遠藤（明治に東〔称桓武平氏千葉一族〕を号）。

大久保─下野宇都宮の庶流というは仮冒。上杉─勧修寺家支流と称するが疑問が大きい。戸田─北家洞院庶流と称。井伊─北家良門流は全くの仮冒。有馬、大村─両者は藤原純友後裔と称すも疑問。山内─師尹流藤原氏とも秀郷流ともいうが、別系か。九鬼、大岡、鳥居─師尹流の熊野別当一族の流れと称。本多（本田）─本姓不明、賀茂県主氏の出か。

●武家については、主要な流れのみを簡単に掲げると、

①為憲流……南家の流れで木工助為憲の後というが、盧原国造・伊豆国造・久努国造・遠江国造・和邇部など近隣古族の末流の系がいくつか複雑に混入したことも考えられ、系譜は判然とし難い。工藤、伊東、二階堂などが代表的な苗字。

②秀郷流……天慶の乱に大功あった下野武蔵両国守の藤原秀郷の後であるが、北家魚名流とするのは疑問で、秀郷の祖父・豊沢と魚名の孫・伊勢守藤成とが親子として繋がらない。秀郷自体が毛野末流とみられるうえ（鳥取氏出自とみる説もあるが、これは疑問）、坂東などの古族末裔が様々な形で混入している模様。秀郷流と称する諸氏は坂東中心に多く、佐藤、小山などが代表的な苗字。

③利仁流……魚名の五世孫たる鎮守府将軍利仁の後で、加賀越前など北陸方面に多く分布した。為

憲流・秀郷流に比べて、他氏からの冒姓はあまり目立たないが、養猶子関係等の形をとって、古代の道君や江沼臣、生江臣等の在地豪族の後裔がかなり混入の模様であり、注意を要する。斎藤、加藤などが代表的な苗字。

④その他……千秋、篠田―尾張人、星野、野田―三河人、以上は熱田大宮司一族。三淵、長岡―山城人、日野支流。

(2)中臣常磐連の後裔

大化前代には、常磐連の流れが中臣本宗家の地位にあり、可多能祜連の子の代に三門の流れに分かれた。その殆どは初め藤原姓となるが、この姓が不比等後裔に限定された後は中臣朝臣姓に戻り、本来職務の祭祀を担い、平安中期頃までに大中臣朝臣姓と変った。

中臣連、藤原朝臣（この系統では、後に皆、中臣改姓）、中臣朝臣（大森―下野国日光二荒社旧神主家。瀧尾、加藤、金子―同社祠官。中田―下野国那須郡中田原村住）、仲麻呂（中丸）―下野国都賀郡久次良村社官、二荒社社家。吉田社人の鈴鹿は、三門の金連後裔で中臣朝臣姓と称）、大中臣朝臣（録・左京。後掲）、惟岳宿祢。

大中臣朝臣姓の主な苗字は、次の通り。

●一門（御食子流）……河辺―伊勢国度会郡継橋郷河辺里に起る、伊勢神宮大宮司家、明治に男爵。正真院、中東、中、中西、奥、奥田、西、向井―和州添上郡の春日神主家一族。

●二門（国子流）……藤波―伊勢国度会郡藤波邑より起る、伊勢神宮祭主家で堂上家、初め三条とも岩出とも称。土御門、殿村、粥見、相可、箕曲、宮田、七見、伊蘇、波伊萬世、岩田、内田、長森、中方、岩崎、鳥羽、佐奈、大田、佐田、小田、麻績、越智、原、竹、田村、青野、泉、山幡、桜井、田辺、須崎、沢、山村、麻田など―藤波同族で伊勢住。小泉、保泉―同上、武蔵国大里郡住。縣（安形）―遠江国浜名郡英多神社祠官。樋口、小俣、河田、狩田―伊勢住。鹿島―常陸の鹿島大宮司。栗林―鹿島社検非違使兼息栖神主。木滝―鹿島社惣追捕使、押領使。片岡―鹿島社祠官。筑前香椎廟の四党神官の権大宮司三苫氏も大中臣朝臣姓を称したが、清麻呂後裔と称する系譜には疑問あり。

(3) その他の中臣氏族

●畿内系……『姓氏録』所載当時では、河内・和泉及び摂津に一族が多く、大和が若干で、山城が皆無であるが、初期分岐は中臣同祖という系譜を持たなかった事情がある。

中臣連（録・河内）、中臣宮処連（録・左京。大中―摂津国長田神社祠官、称大中臣姓。石田―同上族）、宮処朝臣（録・和泉）、大家臣（録・大和）、中臣大家連（録・左京）、村山連（中臣村山連。録・河内。中臣村屋連との異同は不明）、中臣方岳連（中臣片岡連。録・左京。片岡―大和伊勢にあり。目安―大和国平群郡人。柏原―河内国志紀郡人）。稗田連を中臣一族にあげるものもあるが、出典不明で系譜的に疑問。

中臣酒屋連（録・河内）、中臣酒人宿祢（録・左京）、菅生朝臣（録・河内。菅生―河内人）、中臣香積連、中臣間人連、中村連（録・左京。中村―河内紀伊にあり）、狭山連（録・和泉）、中臣高良比連（録・河内）、中臣（録・河内）、評連（中臣評連。録・和泉。郡〔郡戸〕、長谷川、鳥飼―和泉国大鳥郡人、称中臣姓）、大鳥連（録・和泉。大鳥―和泉国大鳥郡人、大鳥神社祠官）、殿来連

（中臣殿来連。録・和泉。殿来〔殿木〕─和泉国大鳥郡人、駿河にもあり）、蜂田連（録・和泉。八田─近江に住）、和太連（中臣和太連。録・和泉。和田─和泉国大鳥郡和太里より起る、岸和田に住、称大中臣朝臣姓。岸和田、中井、高槻、小車妻─和田一族。花田、中村、沼間〔沼〕、川崎、矢田部、岳田、平丘─和泉等に住）、中臣幡織田連、中臣部（録・和泉）。中臣小殿連も同族か。

対馬連、津島朝臣（録・摂津）、神奴連（録・摂津。神奴─摂州住吉社神人、及び同州住吉郡中臣須牟地神社神主。北村─同上族。吉井─摂津国武庫郡西宮神社祠官、称藤原姓。巽─堺町人）。鎧作（甲作。名草─紀伊住、河内に遷）、中臣志斐連（志斐連。録・左京、和泉）、中臣表連（録・和泉）、中臣連（録・和泉）、民直（録・和泉）、呉公（録・山城。野部─摂津、近江にあり）、二間名公（録・河内未定雑姓。系譜に疑問もあり）。

恩智神主（恩地神主。録・河内。恩智〔恩地〕─河内国高安郡人。杉原─和泉人。小原、芳村、葦立─美作国大庭郡人）、添県主（録・大和。宝来─大和国添下郡人）、長柄首（録・大和。長柄─大和国葛上郡人。実際には別族の可能性もあるか）。春日部村主（録・山城未定雑姓・系譜に諸伝ある）、大辟（おおさけ）（録・山城未定雑姓。前者の一族か）。

平岡連（録・河内。平岡、水走、鳥居─河内国枚岡社祠官、称藤原姓）、中臣大田連（録・摂津。摂津国東成郡の比売許曽神社祠官味原氏は族裔か。一族に太田、橋本）、中臣藍連（録・摂津。山田、栗花落（ツユリ）─摂津国八部郡人、一伝に矢田部造姓。摂津国島下郡居住で鎌倉・室町幕府奉行人の安威氏は後裔か）、中臣東連（録・摂津）、生田首（録・摂津。五郷、後神（ゴカミ）─摂津国八部郡の生田神主）、倉垣臣、椋垣朝臣（録・摂津。倉垣─摂津国能勢郡倉垣村より起り、近江に分る。青山、黒川─近江の倉垣一族。池田、井尻、芦、深江、糸海、阿佐美、西田、子安─摂津国人。桑田、志道、金元

—丹波に住）、荒木臣（荒城臣、大荒木臣。丹波国天田郡や山城国綴喜郡の荒木は族裔か）、荒城朝臣（録・摂津）。

飛鳥直（録・大和。飛鳥—大和人）、畝尾連（録・左京、和泉）、伊与部（録・右京）。

●諸国……畿外では東国のほか、伊勢、近江、美濃、壱岐・対馬や関東に分布が多い。これらのうち、美濃や壱岐・対馬の中臣氏族と称するものには、系譜に疑問もある。

中臣鹿島連（鹿島—鹿島大宮司。塙—常陸国鹿島郡塙邑より起る、鹿島大宮司及びその一族、称中臣姓。羽生〔埴生〕—鹿島社大祢宜家。世谷—鹿島社権祢宜家。倉員、田並木—同社祠官。東—鹿島社祢宜家）、中臣部（常陸）、常陸ノ占部（吉川—常陸国鹿島大祝家。松岡—同祠官で沼尾神主、一に中臣鹿島連姓）、占部宿祢。

殖栗占部、中臣殖栗連（殖栗連。録・左京。辰市—上、下二家あり、和州春日社家。辰巳、東地(トチ)井(ヰ)、北、井原、千鳥、今西、南、井戸、新—辰市以下は時風流で、千鳥は春日若宮神主。大東、富田、大西、上—春日社家、秀行流。春日社家両流ともに称中臣姓で、常陸に起る。小山田、山田—吉田社神人、時風流だが称藤原姓）。

武蔵ノ卜部（卜部—武蔵国多摩郡人。神庭、市川—武蔵国多摩郡人。多摩郡御獄神主の浜名氏は大中臣国兼後裔と称したが、実際にはこの流れか、一族に御獄、金井）、伊豆ノ卜部（青木—伊豆国三島大社社家、熱海の来宮神社祠官。卜部—駿河国庵原郡南松野村の稲荷神社祠官）、卜部宿祢、卜部朝臣（吉田—山城国吉田社司、堂上公家。萩原、錦織—堂上公家。藤井〔もと猪熊〕—山城国葛野郡平野社司、堂上公家。高宮—近江国高宮郷より起、肥後国阿蘇に遷。堀川—粟田宮俗別当。

大角―吉田末社大角神楽岡社祝、称藤原姓）。

伊香具臣（胆香瓦臣。近江国伊香郡）、伊香津連（伊香連。録・左京）、伊香宿祢（西沢―近江国伊香郡伊香社司。柏原、亀屋、小村、磯貝、山村、伊香、真野、伊太、田井、赤尾、布施、磯野―近江国伊香郡人。大音―同国伊香郡に起り、若狭国にも分かれ黒駒社祠官）。川俣県造、川跨連（川俣連。録・河内）、大鹿首（録・右京未定雑姓。相可―伊勢人）、大鹿臣、大鹿宿祢（大鹿―伊勢人）。

伊勢直、中臣伊勢連、中臣伊勢宿祢（川島、伊勢―伊勢国三重郡人）、伊勢朝臣（中臣伊勢朝臣。録・左京。為田〔多米田〕―伊勢神宮社人）、称桓武平氏姓の三重、大和、政所執事の伊勢や舘なども伊勢国造一族の末流か。中跡直（中跡―伊勢国河曲郡奈加等神社祠官）、中跡連。
●系譜仮冒だが、伊勢内宮祠官の神主、荒木田神主（沢村―明治期に男爵、大正期に荒木田と改氏。鳥居、沢田、井面、薗田、中村、稲木、井向、岡田、中川、佐八、山幡、長峯、桑野、船江、矢乃、浦田、世木、船橋、中西、藤並、家田、三津、納米、岩波、堤、中森―以上は伊勢内宮祠官。榎倉、高田、村山、横地、櫻、坂、岩井田、孫福、原、馬瀬、林、宇治、尾崎、松尾―内宮祠官関係。このほか、伊勢神宮祠官に多くの荒木田神主姓諸氏が見えるも、他氏の混入もありか。うち、梅谷、白髭、椿は和邇氏族の色彩あり）。
●伊吉ノト部（壱岐・対馬のト部は、実際には中臣同族の紀伊国造一族の出か）、伊岐直（壹伎直、壱岐直。録・右京。筑前国宗像郡織幡神社祠官の入江・壱岐氏は真根子命後裔という、姓氏不明だが同姓か）、直宿祢、伊岐宿祢（伊吉宿祢。松室―山城国松尾月読社司。伊木―摂津国住。中村、安井、松岡、井関―山城住。松尾―甲斐伊豆住。松野―美濃住。吉野―壱岐人）、対馬ノト部（古部―筑前国宗像社家。阿比留、西山―対馬人、別説もあり。橘―対馬国下県郡の太祝詞神社宮司。橘の庶流に岩佐、長岡、鳥居、その一族には寺山、畑島、宮原、財部、扇〔青木〕、吉野、八島、津原、中里、山田、中村、井田、山下、木寺、藤島、日吉など。対馬・壱岐の古族末裔を混交するきらいがあり、津島直ともいう)、対馬下県直、津島直(録・摂津未定雑姓。藤一下県郡豆酘の雷命神社祠官、対馬総宮司職を世襲)。

大和にも系統不明の卜部があり、高僧源信を出す。一族に葛下郡の鎌田、鎌狩、松村。

●栗原勝、中臣栗原連(録・右京未定雑姓。栗原—美濃から甲斐に分る)、栗原宿祢、宮勝、宮宿祢、均田勝、中臣美濃連(中臣美乃連)。美濃国不破郡の岩手、竹中(半兵衛家)、栗原、四宮等は栗原連族裔に関係か。同国安八郡大井庄の大中臣氏は族裔とみられ、江戸初期に断絶の大名で美濃出身の西尾も一族か。

【著者】

宝賀　寿男（ほうが・としお）

昭和21年（1946）生まれ。東大法卒。大蔵省を経て、弁護士。古代史、古代氏族の研究に取り組み、日本家系図学会会長、家系研究協議会会長などを務める。

著書に『古代氏族系譜集成』（古代氏族研究会）、『巨大古墳と古代王統譜』（青垣出版）、『「神武東征」の原像』（青垣出版）、『神功皇后と天日矛の伝承』（法令出版）、『越と出雲の夜明け』（法令出版）、『豊臣秀吉の系図学』（桃山堂）など。

「古代氏族の研究」シリーズは、①『和珥氏―中国江南から来た海神族の流れ』、②『葛城氏―武内宿祢後裔の宗族』、③『阿倍氏―四道将軍の後裔たち』、④『大伴氏―列島原住民の流れを汲む名流武門』、⑤『中臣氏―ト占を担った古代占部の後裔』、⑥『息長氏―大王を輩出した鍛冶氏族』、⑦『三輪氏―大物主神の祭祀者』、⑧『物部氏―剣神奉斎の軍事大族』、⑨『吉備氏―桃太郎伝承をもつ地方大族』、⑩『紀氏・平群氏―韓地・征夷で活躍の大族』、⑪『秦氏・漢氏―渡来系の二大雄族』、⑫『尾張氏―后妃輩出の伝承をもつ東海の雄族』、⑬『天皇氏族―天孫族の来た道』、⑭『蘇我氏―権勢を誇った謎多き古代大族』、⑮『百済氏・高麗氏―韓地から渡来の名族』、⑯『出雲氏・土師氏―原出雲王国の盛衰』、⑰『毛野氏―東国の雄族諸武家の源流』に次いで⑱『鴨氏・服部氏―少彦名神の後裔諸族』を刊行、全18冊が完結した。

古代氏族の研究⑤

中臣氏―ト占を担った古代占部の後裔

2014年 5月28日　初版印刷
2022年 3月10日　第2刷発行

著　者　宝賀寿男
発行者　靍井忠義

発行所　有限会社　青垣出版
〒636-0246 奈良県磯城郡田原本町千代３８７の６
電話 0744-34-3838　Fax 0744-47-4625
e-mail　wanokuni@nifty.com

発売元　株式会社　星雲社
（共同出版社・流通責任出版社）
〒112-0005 東京都文京区水道１－３－３０
電話 03-3868-3275 Fax 03-3868-6588

印刷所　株式会社　ＴＯＰ印刷

定価1320円（本体1200円+税10%）　ISBN 978-4-434-19116-9